Evaluation of Library Performance

图书馆绩效评估

徐华洋 著

中国建材工业出版社

图书在版编目(CIP)数据

图书馆绩效评估/徐华洋著. —北京：中国建材工业出版社，2016.6
ISBN 978-7-5160-1559-9

Ⅰ.①图… Ⅱ.①徐… Ⅲ.①图书馆工作－评估－研究 Ⅳ.①G25

中国版本图书馆CIP数据核字(2016)第145295号

图书馆绩效评估
徐华洋 著

出版发行：中国建材工业出版社
地　　址：北京市海淀区三里河路1号
邮　　编：100044
经　　销：全国各地新华书店
印　　刷：北京鑫正大印刷有限公司
开　　本：787mm×1092mm　1/16
印　　张：8.5
字　　数：200千字
版　　次：2016年6月第1版
印　　次：2016年6月第1次
定　　价：48.00元

本社网址：www.jccbs.com.cn　　微信公众号：zgjcgycbs
本书如出现印装质量问题，由我社市场营销部负责调换。联系电话：(010) 88386906

前　言

　　文献信息资源是图书馆赖以生存的基础，服务是图书馆永恒不变的主题。当今信息技术的迅猛发展，使图书馆馆藏资源的结构与类型发生巨大变化，也改变了图书馆的服务方式与服务手段，图书馆正面临着由传统意义上的图书馆向复合图书馆、现代图书馆转变的转型期。在这一转型期，图书馆资源的利用效率、服务的效果受到多方面因素的影响与制约，传统图书馆绩效评估指标需要补充与完善。同时，通过绩效评估，可以准确地测评现代多元环境下图书馆馆藏资源的质量、服务的效果，在微观层面上提升一馆的管理水平，从宏观层面上推动图书馆事业的整体发展。

　　早在 20 世纪 70 年代，图书馆界的一些著名学者就开始从事绩效评估理论与应用的研究，《图书馆服务的衡量与评价》（F. W. Lancaster 著）是公认最早的有关评估的理论著作。从 20 世纪 80 年代起，欧美发达国家的图书馆界就已经开始研究如何开发绩效指标来评估图书馆的工作。1982 年美国图书馆协会出版了《公共图书馆的绩效评估》，成为美国公共图书馆绩效评估的指南性文献。到 20 世纪 90 年代初，美国、英国、加拿大、澳大利亚等国图书馆界颁布了一系列绩效指标体系，如 1990 年英国发布了《成功的关键：公共图书馆绩效指标——绩效测评和指标手册》；1990 年美国大学和研究图书馆协会（ACRL）"学术图书馆绩效测评项目"（Performance Measure for Academic Libraries Project）；1995 年英格兰高等教育基金管理委员会（Higher Education Funding Council for England，HEFCE）制定绩效评估的方法，同期发布了评估学术图书馆绩效的纲领性报告：《有成效的学术图书馆：评价英联邦学术图书馆绩效的纲领——图书馆绩效指标的联合咨文报告》等。20 世纪 90 年代初期到中期，随着质量管理的兴起，国际图书馆界提出绩效评估要与质量管理相结合，开发设计以用户为导向的指标体系，着手图书馆质量评估——绩效指标的国际标准研究。到目前为止，国际图书馆界已制定了如《ISO 11620：1998 图书馆绩效指标》《ISO 11620：1998/Amd. 1：2003 图书馆绩效指标补充本 1：增订图书馆绩效指标》《ISO/TR 20983：2003 电子图书馆服务绩效指标》《ISO 2789：2006 国际图书馆统计》等一整套绩效评估的系列国际标准，业已形成了完善的绩效评估的理论体系和规范化的绩效评估实践程序和方法。

　　我国图书馆绩效评估研究始于 20 世纪 90 年代初，主要是引进国外图书馆界的绩效评估著述。2000 年前，是我国图书馆绩效评估的起步阶段，主要以介绍国外图书馆绩效评估的理论成果和实践经验为主。之后十年，随着国家图书馆绩效评估体系的构建，图书馆绩效评估开始引起广泛的关注并逐步成为图书馆界研究的热点问题，至 2010 年前为我国图书馆绩效评估的发展阶段。2010 年，全国哲学社会科学规划办公室将"图书馆绩效评价研究"列入国家社会科学基金项目指南，将图书馆绩效评估研究引入了一个新的高潮,研究进入理论研究与实践研究相结合的逐渐成熟阶段。自 1994 年 3 月文化部下发《关于在县以上公共图书馆进行评估定级工作的通知》以来,我国公共图书馆系统于 1994 年、1998 年、2004 年、2008 年和 2013 年对全国公共图书馆系统进行了五次大规模的评估定级工作。之后,教育部、CALIS 分别制订了《中国高等学校图书馆绩效评估指标》(征求意见稿)、《中国高等教育数字图书馆评估规范》等。2012 年 12 月 31 日,国家质量监督检验检疫总局、国家标准化管理委员会发布了国家标准《GB/T 29182—2012/ISO 11620:2008 信息与文献 图书馆绩效指标》,于 2013 年 6 月 1 日正式实施,成为我国第 1 部图书馆绩效指标国家标准,并与《GB/T 13191—2009 图书馆统计标准》共同构成我国图书馆统计与绩效评估的国家标准体系。

本书的编写,严格按照图书馆绩效评估的国际、国内标准及有关行业规范,结合图书馆的绩效评估实践,从理论与实践两个方面进行论述。

本书前半部分为理论篇,由第一章~第五章组成,分别介绍了图书馆绩效评估的概念、影响图书馆绩效的因素、绩效评估的流程,重点论述了图书馆绩效评估指标体系的制定和绩效评估的主要方法。

本书后半部分为应用篇,由第六章~第十一章组成。第六章总结了国内外图书馆绩效评估的理论与应用成果;第七章~第九章分别论述了图书馆读者满意度评估、图书馆服务质量评估、馆藏资源绩效评估;随着当今数字图书馆的兴起,数字馆藏资源的日益丰富,第十章专门论述了数字馆藏的绩效评估;图书馆联盟等合作体的出现,现代技术应用带来的图书馆服务方式的多样性,第十一章简要论述了图书馆联盟、图书馆人力资源、馆际互借和文献传递、数字参考咨询服务等其他类型的图书馆绩效评估。

绩效评估指标是图书馆实施绩效评估的重要工具,指标的科学合理性直接影响绩效评估的效果。

无论是组织还是单馆实施的绩效评估,都是图书馆管理的一个重要手段。图书馆绩效评估的核心是绩效评估指标体系的制定及评估方法的应用,这也是本书论述的重点。理论研究成果需要实践的检验,著者在编写过程中,在结合本馆读者服务满意度、馆藏资源绩效评估的基础上,参阅了大量兄弟图书馆绩效评估的应用案例,力求评估结果的全面性、可行性和客观性。

总之,本书期望能全面反映国内外图书馆绩效评估的现状并能有所创新,但由于著者自身学识水平的限制,难免存在许多的不足,恳请专家和读者的批评指正。本书在编写过程中,借鉴了大量业界专家、学者的理论与应用成果,在此一并表示感谢!

徐华洋
2016 年 6 月

目 录

第一章 图书馆绩效评估概述 ·· 1

  1.1 绩效与绩效评估 ·· 1

  1.2 图书馆绩效评估 ·· 2

  1.3 图书馆绩效评估的目的 ·· 2

    1.3.1 认准办馆方向和办馆宗旨 ···································· 3

    1.3.2 改善办馆条件 ·· 3

    1.3.3 提高服务质量 ·· 3

    1.3.4 提供决策参考 ·· 3

  1.4 图书馆绩效评估的原则 ·· 3

    1.4.1 科学性原则 ·· 4

    1.4.2 客观性原则 ·· 4

    1.4.3 整体性原则 ·· 4

    1.4.4 可比性原则 ·· 4

    1.4.5 导向性原则 ·· 4

  1.5 图书馆绩效评估的意义 ·· 5

    1.5.1 促进图书馆事业的整体发展 ·································· 5

    1.5.2 提高图书馆的管理水平 ······································ 5

    1.5.3 促进图书馆工作的规范化与标准化 ···························· 5

    1.5.4 提高图书馆的服务水平 ······································ 5

    1.5.5 促进馆际交流与合作 ·· 6

    1.5.6 提升图书馆的社会地位 ······································ 6

第二章 影响图书馆绩效评估的因素 ···································· 7

  2.1 外部环境因素 ·· 7

    2.1.1 政治环境 ·· 7

    2.1.2 社会环境 ·· 8

    2.1.3 行业环境 ·· 8

    2.1.4 市场环境 ·· 8

  2.2 内部运行因素 ·· 9

    2.2.1 馆藏资源建设 ·· 9

    2.2.2 馆藏资源布局 ·· 10

    2.2.3 馆藏资源揭示 ·· 10

2.2.4 业务机构设置 …………………………………………………… 10
2.2.5 人力资源管理 …………………………………………………… 11
2.2.6 读者服务工作 …………………………………………………… 11
2.2.7 基础设施建设 …………………………………………………… 12

第三章　图书馆绩效评估的流程 ……………………………………………… 13
　3.1　准备阶段 ……………………………………………………………… 13
　　3.1.1 成立评估工作领导组或评估专家组 …………………………… 13
　　3.1.2 制定评估目标和评估方案 ……………………………………… 13
　　3.1.3 制定科学合理的绩效评估指标体系 …………………………… 13
　　3.1.4 宣传培训 ………………………………………………………… 13
　3.2　自我评估阶段 ………………………………………………………… 14
　3.3　专家评估阶段 ………………………………………………………… 14
　　3.3.1 审查自评报告 …………………………………………………… 14
　　3.3.2 实测 ……………………………………………………………… 14
　　3.3.3 形成评估意见 …………………………………………………… 14
　　3.3.4 反馈评估结果 …………………………………………………… 14
　3.4　总结评定阶段 ………………………………………………………… 15
　3.5　评估结果的运用 ……………………………………………………… 15

第四章　图书馆绩效评估的主要方法 ………………………………………… 16
　4.1　基本方法 ……………………………………………………………… 16
　　4.1.1 定性分析法 ……………………………………………………… 16
　　4.1.2 定量分析法 ……………………………………………………… 16
　4.2　专门方法 ……………………………………………………………… 17
　　4.2.1 模糊评价法 ……………………………………………………… 17
　　4.2.2 层次分析法 ……………………………………………………… 20
　　4.2.3 数据包络分析法 ………………………………………………… 20
　　4.2.4 平衡记分卡分析法 ……………………………………………… 22
　　4.2.5 基于BP神经网络的评估方法 ………………………………… 23

第五章　图书馆绩效评估指标 ………………………………………………… 24
　5.1　国际图书馆绩效评估指标的制定 …………………………………… 24
　　5.1.1 LibQUAL+——一种量表化图书馆质量评估系统 …………… 25
　　5.1.2 美国公共图书馆评估内容与评估指标 ………………………… 26
　　5.1.3 英国公共图书馆服务标准 ……………………………………… 27
　5.2　图书馆绩效评估国际标准 …………………………………………… 27
　5.3　我国图书馆绩效评估指标的制定 …………………………………… 32
　5.4　图书馆绩效指标国家标准 …………………………………………… 38

		5.4.1 绩效指标的测试标准 ·· 40
		5.4.2 绩效指标的分类 ·· 40
		5.4.3 绩效指标的描述 ·· 41
		5.4.4 绩效指标的选择 ·· 41
		5.4.5 绩效指标的局限性 ·· 42
	5.5	我国图书馆绩效评估指标存在的问题 ······································ 42
		5.5.1 统计数据的真实有效性 ·· 43
		5.5.2 指标统计口径的规定 ·· 43
		5.5.3 关于指标数量的界定 ·· 43
		5.5.4 单项指标在整个指标体系中的重要程度 ···························· 43
		5.5.5 指标之间的关联性及其影响程度 ·································· 43
	5.6	图书馆绩效评估指标的构建 ·· 44
		5.6.1 办馆条件 ·· 44
		5.6.2 服务 ·· 44
		5.6.3 利用 ·· 45
		5.6.4 效率 ·· 45
		5.6.5 总体情况 ·· 46
		5.6.6 潜力与发展（指标内容根据需要另定）······························ 46

第六章 图书馆绩效评估研究综述 ·· 47

	6.1	概述性研究 ·· 50
	6.2	国外图书馆绩效评估研究 ·· 50
	6.3	图书馆绩效评估指标体系研究 ·· 51
	6.4	图书馆绩效评估方法和模型研究 ·· 52
	6.5	图书馆联盟的绩效评估研究 ·· 55
	6.6	图书馆读者满意度评估 ·· 55
	6.7	图书馆人力资源绩效评估研究 ·· 56
	6.8	数字图书馆和图书馆数字资源绩效评估研究 ······························ 56
	6.9	图书馆文献资源绩效评估 ·· 57
	6.10	图书馆业务工作绩效评估研究 ·· 57
	6.11	图书馆服务绩效评估研究 ·· 58

第七章 图书馆读者满意度评估 ·· 59

	7.1	图书馆读者满意度概述 ·· 59
		7.1.1 读者满意度的定义 ·· 59
		7.1.2 读者满意度的实质 ·· 60
		7.1.3 读者满意度的特点 ·· 60
		7.1.4 读者的容忍度 ·· 61
	7.2	读者满意度指标范畴 ·· 62

  7.3 构建读者满意度指标的原则和流程 …… 62
  7.4 图书馆读者满意度评估实践 …… 63
    7.4.1 基于模糊评价的读者满意度评价 …… 63
    7.4.2 基于因子分析的图书馆读者满意度评价 …… 65
    7.4.3 读者满意度问卷调查表的设计 …… 68

第八章 图书馆服务质量评估 …… 72

  8.1 图书馆服务质量评估研究综述 …… 72
  8.2 图书馆服务质量评估的目的 …… 75
  8.3 图书馆服务质量的影响因素 …… 76
    8.3.1 馆员 …… 76
    8.3.2 设施 …… 76
    8.3.3 资源 …… 76
    8.3.4 环境 …… 77
    8.3.5 服务规范 …… 77
    8.3.6 其他服务 …… 77
  8.4 基于LibQUAL+™的图书馆服务质量评估体系的构建 …… 77
    8.4.1 LibQUAL+™体系的基本框架 …… 78
    8.4.2 基于LibQUAL+™的评价指标体系的构建及修正 …… 79
    8.4.3 基于LibQUAL+™的评价指标的测度与计量方法 …… 80
    8.4.4 LibQUAL+™的局限性 …… 81

第九章 图书馆文献资源绩效评估 …… 83

  9.1 文献资源绩效评估研究综述 …… 83
  9.2 文献资源绩效评估遵循的原则 …… 87
  9.3 文献资源绩效评估指标描述框架 …… 87
  9.4 文献资源绩效评估指标体系的构建 …… 89
  9.5 文献资源绩效评估指标的应用 …… 94
    9.5.1 馆藏文献资源总体绩效评估 …… 94
    9.5.2 读者满意度评价 …… 94
    9.5.3 文献资源管理水平评估 …… 95
    9.5.4 馆藏文献结构评估 …… 95
    9.5.5 文献资源数量评估 …… 95
    9.5.6 文献资源质量评估 …… 95
    9.5.7 文献资源利用评估 …… 95
    9.5.8 文献利用成本评估 …… 96

第十章 图书馆数字馆藏绩效评估 …… 97

  10.1 数字馆藏概述 …… 97

    10.1.1 数字馆藏的形成 ………………………………………… 97
    10.1.2 数字馆藏的概念 ………………………………………… 97
  10.2 数字馆藏绩效评估研究进展 …………………………………… 98
    10.2.1 数字资源绩效评估的原则 ……………………………… 99
    10.2.2 数字资源绩效评估指标体系的构建 …………………… 100
    10.2.3 相关技术方法研究 ……………………………………… 100
    10.2.4 筛选评估指标的方法 …………………………………… 100
    10.2.5 确定评估指标权重的方法 ……………………………… 101
    10.2.6 数字资源绩效评估的数学模型 ………………………… 101
    10.2.7 数字资源绩效评估的最新方法 ………………………… 101
  10.3 数字资源绩效评估影响因素 …………………………………… 101
    10.3.1 馆藏数字资源的因素 …………………………………… 102
    10.3.2 数字资源存储与服务设备因素 ………………………… 102
    10.3.3 数字资源管理与服务人员因素 ………………………… 103
    10.3.4 用户自身的因素 ………………………………………… 103
    10.3.5 数字资源的服务环境 …………………………………… 103
  10.4 数字馆藏绩效评估指标体系构建 ……………………………… 103
    10.4.1 数字馆藏绩效评估指标选取原则 ……………………… 105
    10.4.2 数字馆藏绩效评估指标体系的构建 …………………… 107

第十一章 其他类型的图书馆绩效评估 …………………………………… 109
  11.1 图书馆联盟绩效评估 …………………………………………… 109
  11.2 图书馆人力资源绩效评估 ……………………………………… 111
  11.3 馆际互借与文献传递服务绩效评估 …………………………… 113
    11.3.1 服务设施 ………………………………………………… 114
    11.3.2 资源保障 ………………………………………………… 114
    11.3.3 服务内容 ………………………………………………… 114
    11.3.4 服务效果 ………………………………………………… 115
  11.4 数字参考咨询服务绩效评估 …………………………………… 115

参考文献 ……………………………………………………………………… 119

China Building Materials Press

我们提供

图书出版、图书广告宣传、企业/个人定向出版、设计业务、企业内刊等外包、代选代购图书、团体用书、会议、培训，其他深度合作等优质高效服务。

编辑部	出版咨询	市场销售	门市销售
010-68343948	010-68343948	010-68001605	010-88386906

邮箱：jccbs-zbs@163.com　　网址：www.jccbs.com.cn

发展出版传媒　服务经济建设
传播科技进步　满足社会需求

（版权专有，盗版必究。未经出版者预先书面许可，不得以任何方式复制或抄袭本书的任何部分。举报电话：010-68343948）

第一章 图书馆绩效评估概述

1.1 绩效与绩效评估

"绩效"由英文"performance"一词翻译而来,最早用于企业的项目管理,如"项目绩效""项目绩效评估",后来被广泛用于企业的人力资源管理,如"员工绩效""员工绩效考核"等。近十几年来,该词又被组织行为学、公共行政管理学广泛使用,如"团队绩效""组织绩效"等。从管理学角度来看,绩效是组织期望的结果,是组织为实现其目标而展现在不同层面上的有效输出,它包括个人绩效与组织绩效两个方面;从经济学角度来看,绩效和薪酬是组织和员工之间的对等承诺关系,是员工对组织的承诺;从社会学角度来看,绩效意味着每个社会成员按照社会分工所确定的角色承担的一份职责。总体来说,随着时间的推移,人们从事管理实践的日益丰富,对于绩效的认识也不断深化:从单纯强调数量到强调质量再到满足顾客的需要,从强调"即期绩效"发展到强调"未来绩效"。

关于绩效的内涵,西方学术界有诸多不同的观点,最为典型的主要有以伯纳丁(Bernardin)为代表的"绩效产出学"和以坎贝尔(Campbell)为代表的"行为绩效论学"。"绩效产出学"认为,绩效是指特定时间内,由特定的工作职能或活动所创造的产出记录,这个观点将绩效理解为任务的完成、目标的实现及结果、产出等指标。"行为绩效论学"认为,绩效指员工在完成实际工作过程中所表现的一系列行为特征,不是活动的结果,而是活动的本身,是人们实际从事的与组织有关的并且是可以观测到的行动或行为,而且这些行动或行为完全是由个体自身控制的。随着社会经济和管理发展的需要,绩效一词通常包含三层意思:"经济"(economy)、"效率"(efficiency)与"效果"(effectiveness)。经济指以最小的成本,供应与采购维持既定品质的服务,它关心的是投入的数量,而不关注其产出的品质;效率是指投入与产出的比率;效果是指实现目标的程度,通常以产出和结果之间的关系加以衡量,它只关心目标或结果。

总而言之,绩效指的是那些经过评价的工作行为、方式及其结果,也就是说,绩效包括了工作行为、工作方式及两者的结果。换言之,绩效实际上反映的是员工或组织在一定时期以某种方式实现某种结果的过程。

绩效通常包括以下三个特性:

1. 多因性

绩效的多因性是指员工或组织的绩效优劣不是由单一的因素决定的,而是受到主客观因素的影响。既有工作环境、社会环境因素,也有组织制度和机制因素等。

2. 多维性

绩效的多维性指需要从多个维度或方面来分析与评价绩效。如图书馆读者满意度,综合图书馆的基础设施、资源数量与质量、员工工作行为与服务态度、服务的效率等。

3. 动态性

绩效会随着时间的推移而发生变化,具有动态性,不能以一成不变的思维去看待有关绩效的问题。

"绩效评估"(performance evaluation)包括个人绩效评估和组织绩效评估,是指员工的业绩和组织运营的效益,是运用特定的指标,对照统一的标准,采取规定的方法,对事物作出价值判断的一种认识活动。图书馆绩效评估属于组织绩效评估范畴。

1.2 图书馆绩效评估

绩效包括业绩与效益,顾名思义,"图书馆绩效"就是指图书馆的业绩与效益,国内外图书馆界对此有多种定义。根据国际标准化组织颁布的国际标准 ISO 11620,即《信息与文献——图书馆绩效指标》(1998)的解释,"图书馆绩效"指"图书馆提供服务的效能以及拨款和资源利用在提供服务中的效率",是效能与效率的有机结合。"效能"是指"对所设定之目标完成程度的测评",即一项活动最大限度地达到预设的结果,便是有效能的。"效率"是指"在既定目标实现过程中对资源利用情况的测评",即在一项活动中最小限度地使用资源或在使用相同资源情况下能做出的更多成绩,被视为有效率。

"图书馆绩效评估",根据国际标准化组织的定义,指"对图书馆服务或设备的效能、效率、利用及适应程度的测评程序"。国内图书馆界自 20 世纪 80 年代初开展评估以来,通常使用"图书馆评估"一词,对"图书馆评估"的定义也有多种描述,有的表述为"图书馆评估就是科学地制定图书馆评估标准,以评估标准及其指标以及指标体系为依据,全面系统地收集图书馆的各种相关信息,对图书馆实现预期目标的条件、行为及其状态作出的客观价值判断的过程";也有的表述为"图书馆评估是指有系统有步骤地测量、描述图书馆的工作过程与结果,据此判定是否达到了所预期的图书馆目标的过程,其实质就是测评、判断图书馆目标的实现程度"。直到 21 世纪国内图书馆在评估实践中才开始使用"绩效"的概念,出现"图书馆绩效评估"一词。本书中提及的图书馆绩效评估,是从组织绩效的角度,对图书馆的资源、设备、投入的资金、人员以及图书馆整体进行的测评,是以科学的、统一的标准和指标,采用定性与定量分析的方法,对图书馆投入的资金和资源,对图书馆管理者和员工在一定时间内从事图书馆活动所取得的业绩,与图书馆在一定时间内提供的各项服务所取得的效益进行评价与测评,通过对特定范围内图书馆各项资源的投入与产出效益进行比较,使图书馆的管理者从中找出差距,改进图书馆读者服务工作,提高管理水平,引领、指导、推动、协调图书馆工作与图书馆事业的发展。

1.3 图书馆绩效评估的目的

绩效评估的本身并不是目的,而是图书馆管理过程的一个环节,是衡量图书馆目标实现程度的重要手段。通过图书馆绩效评估,可形成以绩效为导向的管理机制,有利于认清图书馆的办馆目标和发展方向,提高图书馆的办馆效率、服务水平和管理水平,有利于图书馆管理者科学决策。具体而言,图书馆绩效评估的目的主要体现在以下几个方面。

1.3.1 认准办馆方向和办馆宗旨

我国图书馆的办馆方向,概括地说,就是从文献资源建设、读者服务和队伍建设等方面的内容和形式上体现党的路线、方针、政策,为我国的社会发展和经济建设服务,为人民大众文化素质的提高提供文献保障和服务。一个图书馆的办馆方向可以从图书馆的办馆思想、办馆目标和办馆宗旨上得到具体的体现。图书馆的各项规划体现了图书馆的办馆目标,而全心全意为读者服务则是图书馆永恒的宗旨。通过图书馆的绩效评估,可以充分了解图书馆正确的办馆方向、办馆思想,了解图书馆是否真正体现了为读者服务的宗旨,使图书馆工作和图书馆事业始终沿着正确的方向前进。

1.3.2 改善办馆条件

办馆条件是图书馆开展各项活动的物质基础,包括馆舍、馆藏、人员、经费和设备。办馆条件的优劣直接关系到图书馆的管理水平、工作水平和服务质量。一般来说,图书馆的基础设施和管理手段先进、馆藏资源丰富、员工的素质较高,服务效率就会相对较高,读者满意度也会相应提高。但是,一味地追求办馆条件容易造成人财物的巨大浪费。通过图书馆的绩效评估,一方面找出办馆条件上存在的薄弱环节,进一步改善办馆条件;另一方面,加强对办馆条件的优化配置,最大限度地发挥人财物的效益。

1.3.3 提高服务质量

为读者服务是图书馆一切工作的出发点和归宿,读者服务工作质量是衡量图书馆绩效工作水平高低的标准。图书馆的馆舍与设施是否得到充分的利用,图书馆的文献资源是否得到根本的保障,文献资源的利用是否达到最大限度等,都是衡量图书馆绩效水平的重要指标。图书馆绩效评估,通过对文献资源的利用情况、读者需要的满足情况、服务效果及读者的满意程度等进行测评,进一步加强对读者服务的各项工作的有效措施,促进服务质量的提高。

1.3.4 提供决策参考

正确的方针政策有利于图书馆事业的发展,科学的决策有利于图书馆管理水平的提高。图书馆的规模、发展速度、服务范围、文献资源的保障程度及图书馆队伍的结构与水平等都与图书馆所处的地域和读者的需求相适应。上级主管部门和图书馆管理者在制定图书馆政策和规划时,必然要进行调查研究和科学的论证,图书馆绩效评估可以为此提供有效的决策参考。

1.4 图书馆绩效评估的原则

为了使图书馆绩效评估达到以上目的,从制定图书馆绩效评估的流程、图书馆绩效评估指标及其体系到图书馆绩效评估方法的选择和组织实施的全过程,都应遵循以下原则。

1.4.1 科学性原则

科学性主要指评估方案的制定、评估指标的选择、评估方法的使用以及评估结果的应用等都要客观、公正、合理、规范，也就是评估工作的标准化、规范化和制度化。具体而言，评估指标项目应以大量的统计、测算、研究和实践为基础，凡能量化的项目，要尽量拟定量化分析指标；采集各项统计指标的原始数据必须真实有效，采集的方法和路径也应贯彻科学性原则。应该运用科学的方法和手段制定评估指标体系，使指标体系既体现先进的技术要求，又符合图书馆的实际水平，同时提高指标体系的适用性和可操作性，使评估结果充分体现图书馆绩效的优劣。

1.4.2 客观性原则

图书馆绩效评估指标体系及评估方案的制定，应从图书馆行业和图书馆本身的实际出发，评估指标要反映图书馆工作及图书馆事业的客观规律，反映决定图书馆本质的主要因素及其内在联系。评估材料要正确反映图书馆的实际情况，评估过程要以客观事实为依据，以评估指标体系和计分标准为准绳，力求统计数据和支撑材料客观翔实，对图书馆绩效的评价客观公正，减少主观因素的干扰。对不同级别、不同规模和不同类型的图书馆，要实事求是地区别对待，作出分类比较。

1.4.3 整体性原则

图书馆绩效评估工作应具有连续性、完整性和统一性，对评估工作要进行全面、系统的规划和组织。无论是全国性的图书馆评估，还是各系统图书馆评估以及个体图书馆的评估，都应制定总体规划，提出统一的标准和要求。在设计和制定图书馆绩效评估标准时，要兼顾图书馆工作的各个方面、各个环节，使评估指标能够较好地反映图书馆的全貌。各图书馆在制定评估指标时，要充分考虑所处地域、行业的评估要求，保证评估工作的整体和协调。坚持评估工作的整体性原则，对评估指标的宏观调控和微观调节也是非常重要的。

1.4.4 可比性原则

图书馆绩效评估常常用于馆与馆之间及同一图书馆不同时期之间的比较，以鉴别绩效的优劣。可比性要遵循以下原则：一是可比因素相同，评估指标必须反映被评估图书馆的共同属性。二是衡量因素的尺度、统计口径一致。三是可比层次相同。在馆与馆之间进行比较时，要充分考虑图书馆的性质、规模、类型、层次。在对个体图书馆进行评估时，要注意评估指标和评估方法及统计方法的一致性和相对稳定性。

1.4.5 导向性原则

图书馆绩效评估不是目的，而是衡量图书馆管理水平和服务水平的重要手段，通过评估，找出各个环节存在的问题，明确今后努力的方向。图书馆绩效评估指标要具有指导作用，以保证图书馆事业和图书馆工作沿着正确的方向前进。绩效指标要体现图书馆未来的发展趋势，要具有前瞻性，指明图书馆工作的努力方向和目标。

1.5　图书馆绩效评估的意义

图书馆行业作为社会公益文化事业,文献资源的合理配置和有效利用,对社会发展和经济建设,对人民大众文化水平的提高具有十分重要的作用。图书馆绩效评估,是国家对图书馆事业进行宏观调控的有效手段,是图书馆综合实力的一次检验。通过绩效评估,有效地规范图书馆业务工作,促进图书馆工作的规范化与标准化,加强馆际间的交流与合作,提高图书馆的管理水平和服务水平,提升图书馆的社会地位,进而促进图书馆事业的整体发展。

1.5.1　促进图书馆事业的整体发展

无论是全国性的,还是区域性和行业的图书馆评估,每次评估都能从整体上推动图书馆事业的发展。具体来说,每一次的图书馆评估,都会引起图书馆决策者、管理者和员工的高度重视,每个参评馆,每位参与者都会根据自身存在的不足,尽最大努力,在最短的时间内弥补某些方面的缺陷。图书馆的决策者和管理者都能在不同程度上加大图书馆的经费投入,加强图书馆基础设施建设,图书馆的队伍也得到进一步的加强,员工素质进一步提高,图书馆在硬件和软件上都会上一个新的台阶。同时,通过评估,纠正图书馆在办馆思想上的偏差,发现在办馆认识上存在的误区,找出在经费投入和基础设施上存在的不足以及服务质量上存在的差距,为图书馆事业的持续性发展奠定良好的基础。

1.5.2　提高图书馆的管理水平

图书馆管理水平的高低,从图书馆决策的科学性、规划的合理性、资源配置的有效性以及服务的效率与效益等多方面得到具体的体现。无论是图书馆的整体评估还是专项评估,利用图书馆评估体系各项指标的测算,通过馆际之间以及一馆不同时期之间的各项指标的数据对比,找出存在的问题及其根源,为管理者以后的科学决策提供有益的参考,从而促进图书馆管理水平的提高。

1.5.3　促进图书馆工作的规范化与标准化

规范化和标准化是图书馆科学管理的基础,也是文献资源共享的根本保证。图书馆服务采用的技术是否先进,手段是否合理,馆藏布局是否科学合理,编目数据是否标准规范等直接影响着图书馆的管理水平与服务质量。由于种种原因,我国的图书馆行业还缺乏统一的规划和标准,特别是对一些需要量化的指标,行业之间、各馆之间标准不一,具有很大的随意性,无法进行比较和对各馆之间、一馆内部的服务优劣进行科学的评价。评估工作是实现图书馆业务工作规范化的有效手段,通过制定业务工作的评估标准,推进图书馆行业的规范化、科学化进程,可以使图书馆工作更能适应社会发展的需要,发挥图书馆应有的作用。

1.5.4　提高图书馆的服务水平

服务是图书馆永恒的主题,不断提高服务质量是图书馆赖以生存的根本。图书馆绩效评估的重中之重就是评价图书馆服务的效能与效率。评价的主要目的就是为了不断提升图书馆的服务水平,使图书馆的价值在服务中得到具体的体现。图书馆设施购置、馆藏资源建设与布局、服务手段与服务流程的改善、新技术的应用等都围绕着服务质量的提高。通过绩效评估,找出影响图书馆服务质量的主要因素,不断改善,从而进一步提高图书馆的服务质量。

1.5.5 促进馆际交流与合作

全国性、区域性或行业性的图书馆评估,规模大,涉及面广,为各馆之间相互了解、相互学习提供了良好的平台。担任评估的评委都是图书馆行业的专家和学者,通过对参评馆的实际考察、听取汇报、查看材料等,对参评馆的各项指标给出中肯的评价和改善的意见与建议。通过评委与图书馆工作者的相互交流,使参评馆从中汲取他馆有益的经验,找出本馆存在的差距和努力方向,促进馆际之间的交流与合作。

1.5.6 提升图书馆的社会地位

图书馆是社会整体文化事业的重要组成部分,担负着满足人民群众日益增长的文化知识需求的职责。本着"以评促建、以评促改、重在建设"的评估方针,通过图书馆评估,引起各级主管部门的高度重视,加强对图书馆经费的投入力度,更新图书馆的硬件配置,引进更先进的服务手段,加强高层次人才队伍建设,使图书馆的设施更加先进,文献资源更加充足,人才队伍更加专业,环境更为优美,馆际间的合作更为融合,服务水平得到进一步提升,从而使图书馆行业处于良性循环发展之中,图书馆的社会地位得到不断提升。

第二章 影响图书馆绩效评估的因素

图书馆绩效受到多方面因素的影响与制约,总体而言,可分为外部环境因素和内部运行因素两个方面。

2.1 外部环境因素

影响图书馆绩效的外部环境因素主要包括政治环境、社会环境、行业环境、市场环境等方面。

2.1.1 政治环境

无论是公共图书馆、高等院校图书馆、行业图书馆还是科研院所图书馆等,都是社会公共文化服务机构,是国家和政府为保障公民自由、平等地获取信息和知识而进行的制度安排。因此,分析研究图书馆,就必须正视政府的力量,图书馆不可能"去政治化"。我国图书馆事业的发展历程充分说明了图书馆处在不同的政治环境,其绩效水平差异极大。政府是图书馆行业赖以生存的重要资源。无论是哪一种类型的图书馆,如果不考虑政府影响、政府支持、政治力量等相关政治因素,都是难以生存和发展的。图书馆不仅对政府拨款有着极强的依赖性,而且政府凭借宏观管理体制,以"看得见的手"的途径,直接规定着图书馆的活动空间、活动强度,政府的政策导向也会对图书馆发展增加不确定性,进而影响到图书馆绩效。我国政府相继出台了一些与图书馆有关的法律法规制度,以保证图书馆事业持续健康发展。

世界上图书馆事业发达的国家,都具有图书馆生存与发展的良好政治环境,其中宏观管理体制起了极大的作用。如:1852年,全世界第一个"依据政府立法建立、公费支持、免费服务以及社会成员无区别服务"为主要特征的现代公共(公立)图书馆——英国曼彻斯特公共图书馆的创建,使图书馆的社会意义从此发生了改变,它的平民色彩使公共图书馆作为一种信息公共保障制度展现在世人面前,并逐渐形成了现代公共图书馆精神。美国是当今世界上图书馆事业最发达的国家之一,一方面得益于发达的社会经济与先进的技术手段,另一方面完备的图书馆制度体系也起到了极大的推动作用。从1849年新罕布什尔州通过的第一部州图书馆法至今,美国联邦及州政府共制定和颁布了100余种图书馆相关法律法规,虽然没有设置一个专门的管理机构管理图书馆事业,但其完善的法律法规体系,保障了图书馆事业的顺利发展和长远进步。近年来,我国高等院校图书馆在政府的要求下,免费向社会开放。安徽省教育厅明文要求各高校图书馆向社会大众有限开放,高校图书馆纳入公共文化体系建设的重要组成部分。虽然图书馆行业所处的政治环境是由国家的政治制度决定的,相对政府而言,图书馆处于较被动的地位,话语权不多,但由于政府和政府政策的重要性,图书馆界需要主动开展政治活动,通过上级主管部门和行业协会,用渗透、参与等手段赢得政府的支持,有效地影响政府及其政策,争取到更多的资源,创造有利于提高图书馆绩效的政治环境。

2.1.2　社会环境

图书馆绩效最终体现在为读者提供服务的数量、质量和服务成效上,这与社会环境具有非常密切的关系。社会稳定是前提,学习型、创新型社会建设是动力。在一个学习型、创新型社会中,人们总是把追求真理、开拓创新、崇尚科学与文明、热衷于终身学习、不断提高文化素养作为毕生的追求,需要利用图书馆的读者也会随之增加,图书馆绩效自然就好。否则,图书馆不论条件多么优越,设备设施多么先进,服务多么热情周到,也可能门可罗雀,毫无绩效可言。当前,在我国大力营造"大众创业、万众创新"的学习型、创新型社会建设,推动社会主义文化大发展大繁荣的时代背景下,图书馆绩效的提高应该是无可置疑的。图书馆首先必须实行开放办馆,广纳社会读者,以充分发挥图书馆的资源优势;其次,为读者提供优质服务和公平服务,切实关爱弱势群体;其三,与广大读者建立良好关系,树立良好的馆风、行风,吸引社会公众更好地关注图书馆建设和发展;其四,建立图书馆绩效考评机制,实行馆务公开,接受社会公众和舆论监督。总之,图书馆要提高服务绩效,必须正视社会环境因素,充分利用有利条件,把握机遇,担负起公共服务的神圣职责,使纳税人和社会公众平等地利用图书馆资源,共享社会文明成果。

2.1.3　行业环境

长期以来,我国图书馆行业的宏观管理受到计划经济体制下管理机制和运作模式的影响。目前,图书馆行业还不是完整意义上的社会服务机构,而是各级政府或主管部门下属的文化职能部门,主要按主管部门和领导系统来划分图书馆类型,分为公共图书馆、学校图书馆、科学图书馆、专业图书馆、技术图书馆、工会图书馆、军事图书馆和少儿图书馆等,具有条块分割、横向联系少的特点,这些已成为影响图书馆事业发展的瓶颈。从公共产权的角度看,我国具有事业单位性质的图书馆,无论归属哪个系统,都属于公益性非营利的公共文化设施,没有利润的索取权,也没有自负盈亏的财务核算压力,多干少干不影响个人收入。从图书馆的布局看,不但国家级图书馆仅设一家,而且各省、各市、各所大学或科研院所也仅建造一所图书馆,有条件的建有分馆,各馆在各自地盘都具有垄断地位,没有竞争的威胁,不论绩效高低同样都能四平八稳,进取心自然不足,效率可想而知。从办馆经费来看,目前我国的经济实力还不太雄厚,各级政府或主管部门对图书馆投入的经费普遍不足,图书馆的文献资源难以完全满足读者的需求。这些在我国图书馆行业中存在的现象,都或多或少地影响到图书馆绩效的提高。目前,我国的图书馆界正在逐步打破行业间的信息壁垒,全国性、区域性的图书馆合作体大量涌现,不断开展全国性或区域范围内的文献信息资源合作共建,并面向社会公众开放馆藏资源,力求实现最大范围的文献信息资源共享,以此充分体现我国图书馆行业的公平服务。

2.1.4　市场环境

图书馆具有传递科学情报、提高科学文化水平、思想教育和保存人类文化遗产的社会职能。要履行这些社会职能,首先必须多渠道广泛收集文献信息资源,其中向供应商采购是一个主要来源。购置文献信息资源,相对资源供应商,图书馆是消费者,供需双方的交易属于市场行为。在价格机制的作用下,通过完全的市场竞争能达到供求均衡,使图书馆的资源配置实现"帕累托最优",即通过有效的购置,使图书馆以最少的经费支出获得最大的资源量。我国现行较为成熟的团购市场包括公共图书馆、高校图书馆、科研单位资料室、中小学图书馆等。由于团购市场具有销售量大、资金回笼快、退货少等优点,成为各供应商竞相争夺、开发的市场。市场的竞争局面有利于图书馆界的图书采购,图书馆可通过多种媒体,广泛搜集国内外出版信息,并选择信誉好、价格低、采到率高、周期短、售后服务好、能提供网上订购和电子结算的图书供应商,或通过招标的方式与供应商建立良好的合作关系,确保图书的时效性,提高图书采购效率。就目前国内图书馆图书采购市场来说,政府采购部门(政府招投标管理中心)未能充分认识图书馆行业的特殊性,追求低价中标,给图书馆资源采购带来一定的负面影响。随着计算机技术、网络技术和海量存储设备的迅猛发展,数字资源由早期的各个图书馆小规模自建为主逐渐转向合作型的市场化运作,也出现了不少专门从事数字资源开发的公司企业,数字资源的种类极为丰富,但是重复建设现象也比较严重,对图书馆选择带来一定的难度。由于数字资源的利用可跨越时间和空间的限制,对于大型数据库的购置,图书馆界采用了一定范围内的集团购买方式,不仅有利于节约各个图书馆的开支,还使图书馆界真正走上了信息资源的共建共享之路。

2.2 内部运行因素

影响图书馆绩效的内部运行因素包括:图书馆内部的馆藏资源建设、馆藏资源布局、馆藏资源揭示、业务机构设置、人力资源管理、读者服务工作、基础设施建设等。

2.2.1 馆藏资源建设

馆藏资源的数量和质量是评估一个图书馆绩效的重要构成因素。图书馆的馆藏资源只有得到充分利用才能产生最大的经济效益和社会效益。相对于读者无限多样的需求,图书馆的文献信息购置经费终究是有限的。为了使有限的经费能购置尽可能多的文献信息资源,图书馆只有准确把握读者现时和未来的需要,并结合文献信息资源的特点,合理地分配文献信息购置费的比例,科学合理地配置馆藏资源,以最少的经费支出购置尽可能多的符合读者需求的馆藏资源。众所周知,由于文献购置费是定量的,如果用于购置某种类型的资源经费多了,自然用于购置其他种类资源的经费就会相应减少。在当今复合图书馆环境下,馆藏文献资源包括印本文献,以电子图书、学位论文、期刊论文等电子文献为主的各类数据库以及网络信息资源等多种类型。印本文献与电子文献呈此消彼长的态势,最优购置量之间存在着一种"转换"关系,即可以通过减少某种资源购置的数量来增加另一种资源的数量,或者说,某种资源的增加是以减少另一种资源为代价的,馆藏资源的最优配置对图书馆绩效产生十分重要的影响。尤其在当今出版形态多元环境下,馆藏资源的优化配置显得更为重要。例如网络资源的利用,目前有两种模式,即拥有模式和存取模式。前者意味着图书馆拥有该资源的产权,可长期为读者提供服务;后者意味着获得的仅仅是资源的使用权,一旦停止付费读者就不能继续利用。究竟采用何种模式,应从图书馆的经费承受能力、资源的保存价值、读者的需求程度、馆际互借的可获得性以及获取成本的高低等因素综合起来权衡,使投入的经费确实具有成效。

2.2.2 馆藏资源布局

馆藏资源的布局对图书馆绩效的影响主要表现在资源的可获取性及获取时间。如果布局不当,就会使有限的馆藏资源得不到充分利用,造成资源的浪费或闲置。传统图书馆的馆藏资源通常按载体、用途、读者对象进行布局。这种布局使同一学科专业不同载体的文献资源分散在不同的书库或阅览室,不便于读者的获取和利用,也容易造成同一载体的馆藏复本增加,不同载体的馆藏内容重复,不必要的经费开支增加。理想的应该是按学科专业集中布局,就是将相同学科或相近学科的图书、期刊、电子读物等各种不同载体文献集中于一处,形成专业馆藏,再配备数台可供检索数字资源和网络资源的计算机。在文种上,采用中外文一体化排列。在借阅方式上,采用外借和内阅合一。在工作人员的安排上,配备各学科的专业馆员,加强与读者的沟通联络,提供专业咨询等深层次的服务,有利于提高服务质量和办馆效益。现代图书馆数字馆藏日益丰富,如何使传统的印本文献与数字资源在馆藏布局上进行融合性设计也是提高图书馆服务绩效的重要方面。单就数字资源的布局来说,仅仅从超链接访问或单平台使用的方式都会影响资源的利用绩效,数字资源利用平台是数字馆藏布局的重点,平台功能的优劣直接影响到数字资源的利用效果。

2.2.3 馆藏资源揭示

馆藏资源的揭示主要指对文献资源的分类、标引及检索系统的先进性。分类、标引是否科学规范直接影响资源的检索效果,而检索系统是否先进同样会影响资源的使用效率。同样,资源导航的优劣也会影响着资源使用效果。为了能让读者有效地利用馆藏资源,图书馆必须充分而及时地向读者揭示和宣传馆藏文献信息资源,否则会降低馆藏资源的查全率和查准率。如读者查找学术论文写作的资料,本来可利用全文数据库检索,但因为不了解情况而去查阅印刷型期刊,必然会增加读者查找的时间和精力,还有可能劳而无获。对馆藏资源的揭示除了馆藏分布平面图和书刊开架借阅外,可通过网上馆藏书刊目录信息、馆藏借阅信息、新书刊通报、馆际联合目录和图书馆公告等信息发布手段,也可通过电子邮件与读者建立联系,进行信息推送,为读者提供个性化服务,并接受读者的反馈信息。当然,最为有效的方法是建立信息门户网站,提供学科导航,将反映馆藏的书目和报刊目录数据库、读者借阅信息库、数字图书、电子期刊和全文数据库等所有网上馆藏信息资源集中存储,通过搜索引擎实现各数据库间的无缝链接,为读者提供"一站式"检索服务,并利用信息门户网站发布最新消息,开展网上读者调查、新书刊推荐、在线参考咨询,与读者建立互动关系。

2.2.4 业务机构设置

机构设置对图书馆绩效的影响主要表现在资源的利用效率与服务的效果上。传统图书馆的业务流程按书、刊、电子资源和数字资源等馆藏资源的载体进行分工管理。与之相对应,图书馆也应由各个职能部门组成,每个部门都尽量做好自己分内的工作,然后再移交到流程的下一个部门继续处理。这种机构设置模式曾经在"以馆藏为中心"的图书馆时期运行过,但明显地存在着部门间协同性差、馆藏资源被人为分解等问题。如今图书馆已从"收藏"向"利用"的观念转变,发展成为"以读者为中心"的服务和管理理念。对读者而言,只要能便捷地获取所需要的文献信息资源,根本不会在意这种服务是由图书馆的哪个部门提供的。为了适应新形势的要求,提高各部门之间的协同性,更好地开展读者服务工作,有必要将那些不适应时代发展需要的传统管理机构进行重组。如:将传统的流通部、期刊部、阅览部整合为读者服务部;建立文献资源建设部,统管图书馆各种载体文献资源的采购、分编、典藏等;成立信息技术部,负责全馆自动化、网络化、数字化等现代化建设。这种整合不仅精简了机构,降低了图书馆的运行成本,而且提高了管理水平、工作效率和服务质量。此外,也可根据读者的不同需求和图书馆业务发展的需要,抽调各部门成员灵活组建工作小组或团队,如参考馆员或学科馆员队伍。

2.2.5 人力资源管理

人力资源是图书馆的重要资源,对图书馆绩效的高低产生至关重要的影响。图书馆各项工作的完成和各种业绩的取得都离不开员工们的积极努力。在人力资源管理上,图书馆要坚持"以人为本"的方针,根据馆员的不同学历和职业背景合理分配专门的工作岗位,各类管理人员都有相应的工作职责,高学历的职员不从事简单劳动,低学历的职员也不从事复杂劳动,使人力资源配备最大限度地降低成本,提高效率。要妥善制定人力资源发展规划,建立健全员工的工作分析与评价体系,不断改进现有的人才选拔与使用机制,完善员工培训制度,建立有效的激励机制。

2.2.6 读者服务工作

"为读者服务"是图书馆永恒的宗旨,服务质量直接影响着图书馆的绩效,其影响因素主要有:服务基础设施、服务政策、服务方式、服务内容等。面向公众开放的现代图书馆是为读者提供知识服务的场所,没有读者的需求,图书馆也就不会产生,更不用说会有进一步的发展。"读者第一,服务至上"始终是图书馆行业的办馆宗旨。另据国际标准化组织的定义:"图书馆绩效"是"图书馆提供服务的效能以及拨款和资源利用在提供服务中的效率",不难发现,图书馆行业的绩效就是体现在读者服务工作上。评估的着眼点也应该在于服务成效和办馆效益方面,而不能仅仅以纯粹的统计数据来反映。实施评估,不仅要重视"输入端",更应该关注"输出端",并且通过投入与产出的比较使图书馆的绩效得到确实的体现。诚然,图书馆的产出效益不同于投入体现得直接,它包含着一种"隐性"的、间接的潜在性效益,也就是西方经济学所谓的"外部性"。虽然对这种"外部性"效益评估具有一定的难度,但这些恰恰是构成整个图书馆绩效评估的关键因素,是做好图书馆绩效评估工作的重要一环。如:图书馆提供的文献信息服务对受益者产生的影响程度;有哪些读者利用哪些文献信息在科技发明、决策参考、教学改革、论文著述、理论创新、知识积累等方面受到助益。也可通过科学系统的调查,了解在多大程度上由于图书馆盲目采选、供需不对口、文献加工不及时、服务人员素质低下、宣传不力等原因造成资源浪费,从而对产出效益产生影响。还有图书馆是否及时提供了优质服务和深层次服务,如专门的参考馆员服务或专业的学科馆员服务,提供了这些服务读者的受益程度如何等。

2.2.7 基础设施建设

传统图书馆环境下,图书馆基础设施的利用评估主要体现在馆舍面积的大小、人均阅览座位数的多少、馆内计算机工作站台数等硬件设备上,事实上,目前数字资源越来越丰富,资源的利用,即便是印本文献的利用,如书目检索等,也越来越依靠计算机网络设备和平台系统的运行环境。

图书馆基础设施的优劣直接影响图书馆服务质量的高低。影响图书馆绩效的基础设施通常有:馆舍、人均阅览座位数、工作站计算机台数、存储设备的容量、网络的通畅性、访问的便利(如移动设备等)及平台的开放性和稳定性等。

第三章 图书馆绩效评估的流程

图书馆绩效评估,无论是全国性、地区性还是行业性评估,也无论是整体性评估还是专项评估,基本遵循以下评估流程。

3.1 准备阶段

准备阶段是图书馆绩效评估的基础,准备工作是否充分直接影响着本次评估的结果。一般来说,评估准备阶段的主要工作包括以下几方面。

3.1.1 成立评估工作领导组或评估专家组

评估工作领导组或专家组成员由行政主管部门的领导、部分图书馆的馆长和图书馆行业的专家组成,负责对图书馆绩效评估进行具体的规划、部署、检查和总结。

3.1.2 制定评估目标和评估方案

评估目标的制定应该明确具体,一般来说,整体性或专项性的评估,通常都是由主管部门发起的,意在衡量图书馆发展的整体水平,为下一步的工作提供决策参考。个体图书馆的绩效评估,是为了衡量本馆管理与服务水平,寻找存在的问题和根源。总体来说,评估目标应具有前瞻性,能引领图书馆事业的整体发展。评估方案应具有可操作性,评估的时间、内容、方法、步骤都应当明确具体,具有可行性。

3.1.3 制定科学合理的绩效评估指标体系

绩效评估指标应具有科学性、整体性和可比性,评估指标体系是否科学影响着评估工作的质量。一般来说,馆与馆之间的绩效评估指标体系通常由图书馆上级主管部门制定,馆内评估指标体系由一馆管理者制定。上级主管部门和图书馆管理者在经过反复论证的基础上,制定科学合理的指标体系及其实施方案,并在一定的范围内组织试评,不断修正完善各项指标,使评估指标体系及其实施方案具有一定的可行性。

3.1.4 宣传培训

对参评馆进行宣传动员,使各级领导和图书馆工作者明确评估的目的和意义,加深对评估指标体系和有关图书馆标准的理解,为评估工作的开展做好制度上、组织上和思想上的充分准备。对评估工作人员进行培训,使他们掌握评估的标准和方法,保障评估工作的顺利进行。

3.2 自我评估阶段

自评是整个评估过程的重要一环,是实际测评工作的开始。在自评阶段,各参评图书馆根据评估指标体系所规定的各项指标项目,全面如实地收集各种原始资料和统计数据,并按评估要求逐项计算各指标的得分,形成对本馆绩效的总体评价。实践证明,自评是一种非常实用而有效的评估形式,将自评与专家统评相结合能够收到十分理想的效果。在自评阶段,要注意以下事项:一是要充分理解各项评估指标的内涵,避免盲目性;二是要注重统计数据的客观真实性,避免随意性;三是要严格按评估规定的统计要求进行统计,能实测的以实测为准,抽样调查的要保证抽样的科学合理性,避免主观性;四是自评报告应该中肯,如实反映评估的实际情况。自评阶段的最后环节就是撰写自评报告,自评报告的内容一般包括:本馆的基本情况、自评工作情况、自评结果、存在的问题、今后的改进措施等。

3.3 专家评估阶段

专家评估的重要依据就是各参评馆的自评报告。评估领导组或专家组在审查参评馆自评报告的基础上,派出评估工作实测专家到参评馆进行实际测评。评估测评实际就是评估验收工作。评估实测专家组通常由责任心较高、办事公正、懂图书馆业务的专家和读者代表组成。专家评估阶段的工作一般包括以下几项内容:

3.3.1 审查自评报告

评估领导组或专家组认真审查参评馆的自评报告,核实各项统计数据,查阅相关原始资料及各项统计数据。

3.3.2 实测

实际测评是实测专家组根据评估指标,对参评馆进行的实际检查,进一步验证自评报告中有关数据的真实有效性;对自评报告中没有涉及的进行补测;通过召开读者座谈会等各类座谈会、发放问卷调查表等以及其他形式的调查,全面了解参评馆的实际情况,根据评估指标体系与实际测评结果进行对照,调整参评馆的实际得分,形成实测报告。

3.3.3 形成评估意见

评估专家组根据参评馆的自评报告和实际测评结果,评议参评馆的各项工作,并形成评估意见。评估意见要实事求是,既要充分肯定成绩,又要指出存在的问题和不足,并提出下一步整改的意见与建议。

3.3.4 反馈评估结果

召开评估工作通报会,以一定的方式在一定的范围内通报评估结果。

3.4 总结评定阶段

自我评估和专家评估阶段完成后,评估领导组或专家组要对评估结果,尤其是专家评估意见进行最后的确认,对评估工作的全过程进行认真的总结,并形成评估工作总结报告。在总结评定阶段,要对参评馆逐一进行分析比较,找出各馆间存在的差距,根据一定的标准评定为各种等级。评估工作组织者在一定范围内公布各馆的得分结果和等级。通过总结评定,使图书馆间相互取长补短,增进了解,加强合作,促进图书馆工作的改善和图书馆事业的整体发展。通过总结,发现评估工作中存在的问题,进一步完善评估标准和评估指标体系,提高图书馆科学化、规范化水平,使评估工作形成制度化,也为图书馆的宏观管理决策提供良好的依据。

3.5 评估结果的运用

图书馆绩效评估不是目的,而是图书馆上级主管部门和图书馆管理者进行科学决策、改进图书馆各项工作的重要手段。得出评估结果并不意味着评估工作的结束,评估过程得到的大量有用的信息应运用到图书馆各项管理工作中去。一方面,上级主管部门根据评估结果,把握图书馆行业的发展态势,推广先进的管理工作和实际工作经验,找出行业中存在的薄弱环节,提高经费投入的效率;另一方面,各参评馆根据专家的评估意见,认真分析研究存在的问题,对好的一面继续发扬,不足的一面,注重经费投入和管理工作,进一步扬长避短。

第四章 图书馆绩效评估的主要方法

科学地选择评估方法、构建评估模型、对指标数值进行计算是图书馆绩效评估的关键环节，是确保图书馆绩效评估纵向深入发展、得出准确评估结论的重要前提。为了科学地评估图书馆绩效，提高评估结果的可靠性和有效性，必须选择一种合适的评估方法。在图书馆绩效评估实践中，通常采用定性分析法和定量分析法两种基本评估方法以及层次分析法、平衡记分卡分析法等专门的绩效分析方法。

4.1 基本方法

4.1.1 定性分析法

定性分析法，亦称"非数量分析法"，是主要依靠预测人员丰富的实践经验以及主观的判断和分析能力，推断出事物的性质和发展趋势的分析方法，属于预测分析的一种基本方法。这类方法主要适用于一些没有或不具备完整的历史资料和数据的事项。定性分析法以评估者的主观判断为基础，是非量化的状态评估。通常在遇到以下情况时采取定性分析法：一是评估指标只表征概念意义，无法直接作出数量统计；二是评估指标缺乏有效的数据采集机制，数据采集的工作量较大，难以实际操作，统计周期过长，无法及时反映图书馆工作的动态变化。定性评估以等级、分数为尺度，用"非常满意""满意""一般""不满意""非常不满意"等模糊标准，对图书馆绩效进行评估。

定性分析法一般要根据评估的目的和评估对象的特征，确定相关的评估指标体系，建立评估标准及其权重系数，通过评估者的打分或评定，给出评估结果。评估结果通常为等级制和百分制。评估指标必须明确具体，经过充分论证，指标界定详细，描述充分，避免歧义。定性分析法简洁明晰，具有可操作性。

由于定性评估过程和结果与评估者的主观判定有关，当评估者缺乏相关的专业知识，或评估对象存在明显的价值和利益趋向性时，都有可能导致评估结果的失效。所以，对于定性评估的结果，一般要进行充分验证和可信度分析。

4.1.2 定量分析法

定量分析法是依据统计数据，建立数学模型，并用数学模型计算出分析对象的各项指标及其数值的一种方法，通常有比率分析法、趋势分析法、结构分析法、相互对比法和数学模型法等基本方法。具体方法有统计法、抽样法和模糊评价法等。定量分析法在一定程度上克服了定性评估存在的主观性和价值趋向性，为人们提供一种较为系统、客观的数量分析方法，具有精准、客观、公正、便于比较的特点。

定量分析法必须具备以下特征：①数据采集量小，适合多次连续采集；②统计运算简单,结果定量化且便于等级化处理;③测算结果具有可比性;④指标具有相对科学性和动态反映性;⑤操作过程便于有组织地进行。

当统计量较大,无法对总体进行全面考察时,需要采用抽样分析的方法,即从总体中随机抽取部分个体形成样本,对其进行统计分析,并以样本的特征来推测总体的水平。样本应是随机抽取,并具有一定的代表性。

定性分析法和定量分析法具有自身的特点,在绩效评估中发挥不同的作用,在绩效评估实践中,通常采用定性分析和定量分析相结合的评估方法。

4.2 专门方法

图书馆绩效评估方法主要有模糊评价法、层次分析法、数据包络分析法(DEA)、平衡记分卡分析法(BSC)及基于BP神经网络的评估方法等不同的绩效分析方法。

4.2.1 模糊评价法

模糊评价法主要包括模糊综合评价法、模糊聚类分析法等不同的研究方法,不同的研究方法具有不同的应用模型。

4.2.1.1 模糊综合评价法

模糊综合评价法是模糊数学中最基本的数学方法之一,该方法是以隶属度来描述模糊界限的。

由于评价因素的复杂性、评价对象的层次性、评价标准中存在的模糊性以及评价影响因素的模糊性或不确定性、定性指标难以定量化等一系列问题,使得人们难以用绝对的"非此即彼"来准确地描述客观现实,经常存在着"亦此亦彼"的模糊现象,其描述也多用自然语言来表达,而自然语言最大的特点是它的模糊性,这种模糊性很难用经典数学模型加以统一度量。因此,建立在模糊集合基础上的模糊综合评价方法,从多个指标对被评价事物隶属等级状况进行综合性评价。它把被评价事物的变化区间做出划分,一方面可以顾及对象的层次性,使得评价标准、影响因素的模糊性得以体现;另一方面在评价中又可以充分发挥人的经验,使评价结果更客观,符合实际情况。模糊综合评价可以做到定性和定量因素相结合,扩大信息量,使评价精确度得以提高,评价结论可信。

近年来,模糊理论在各个领域迅速发展起来,模糊处理方法在许多领域得到了实际应用。研究认为模糊理论可用以描述人类不确定性的行为,适用于处理大多数的决策和评价过程。用模糊关系和模糊转换法可将模糊语意转换成同一评判标准,能得到较为正确且客观的评价结论。模糊综合评价法是以模糊数学为基础,应用模糊关系合成的原理,将一些边界不清、不易定量的因素定量化,从多个因素对被评价事物隶属等级状况进行综合性评价的一种方法。它的应用广泛,尤其是对多因素、多层次的复杂问题评价效果较好。

模糊综合评价法可分为以下几个步骤:

1. 模糊综合评价指标的构建

模糊综合评价指标体系是进行综合评价的基础,评价指标的选取是否适宜,将直接影响综合评价的准确性。在构建图书馆绩效评估指标体系时,首先必须分析每一项指标的影响因素,形成该指标的因素集。

2. 确定各因素的权重

评价因素的权重是每个因素在集合中的重要程度的定量表示,即所占的比重,其合理性将影响评价结果的合理性。权重的确定可采取 Delphi 法,选择若干专家在充分酝酿的基础上,对各因素在相应因素集中的重要性打分,并按归一化要求对各因素赋予相应的权重。

3. 确立隶属关系求模糊评价矩阵

建立模糊评价集和测量标度向量。确定评价集 $V=\{V_1,V_2,\cdots,V_n\}$,此处 $V_j(j=1,2,\cdots,p)$ 表示评价的第 j 个等级。设 $H=\{h_1,h_2,\cdots,h_n\}$ 是分数集,其中 $h_i(i=1,2,\cdots,n)$ 表示第 i 级的分数。若以 100 分为满分,用等差打分法可得:$h_i=(n+1-i)\times100/n(i=1,2,\cdots,n)$。

评价因素可分为定性因素和定量因素,而这两种因素要分别进行分析。①定性因素。定性因素的模糊综合评价集可通过模糊统计方法求得。如果某定性因素(如图书馆员的服务态度)用级标度法进行测评,对 N 位读者进行问卷调查,假设调查结果分别有 0%、20%、40%、30%、10%的读者认为好、较好、一般、较差、差,那么模糊综合评价集为 (0,0.2,0.4,0.3,0.1)。②定量因素。定量因素的模糊综合评价是建立合理的隶属函数。以文献使用率(记为 u)为例,文献使用率定义为每年使用过的文献占总文献数量的比例,显然文献使用率越低,图书馆的读者满意度就越差,因此可制定文献使用率的取值范围与评价等级的对应关系为:10%以下为差;10%~25%为较差;25%~45%为一般;45%~70%为较好;70%以上为好。由此可得线性隶属函数表达式:

$$\mu(v_1)=\begin{cases}1 & u\leqslant 0.1\\ (0.175-u)/0.075 & 0.1\leqslant u\leqslant 0.175\\ 0 & 其他\end{cases}$$

$$\mu(v_2)=\begin{cases}(u-0.1)/0.075 & 0.1\leqslant u\leqslant 0.175\\ (0.35-u)/0.15 & 0.175\leqslant u\leqslant 0.35\\ 0 & 其他\end{cases}$$

$$\mu(v_3)=\begin{cases}(u-0.175)/0.175 & 0.175\leqslant u\leqslant 0.35\\ (0.575-u)/0.225 & 0.35\leqslant u\leqslant 0.575\\ 0 & 其他\end{cases}$$

$$\mu(v_4)=\begin{cases}(u-0.35)/0.225 & 0.35\leqslant u\leqslant 0.575\\ (0.7-u)/0.125 & 0.575\leqslant u\leqslant 0.7\\ 0 & 其他\end{cases}$$

$$\mu(v_5)=\begin{cases}(u-0.575)/0.125 & 0.575\leqslant u\leqslant 0.7\\ 1 & 0.7\leqslant u\\ 0 & 其他\end{cases}$$

定量因素的线性隶属函数的曲线如图 4-1 所示。

4. 评价矩阵和权重的合成

采用适合的合成因子对其进行合成,并对结果向量进行解释。

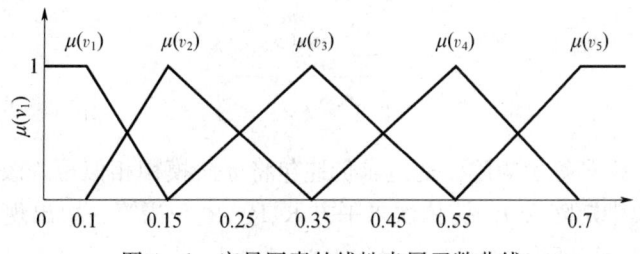

图 4-1 定量因素的线性隶属函数曲线

4.2.1.2 模糊聚类分析法

聚类分析是数理统计中的一种多元分析方法,它是用数学方法定量地确定样本的亲疏关系,从而客观地划分类型。对海量数据进行模糊聚类分析,一般有建立数据矩阵和标准化、建立模糊相似矩阵、建立模糊等价矩阵和模糊聚类四个步骤。模型建立过程如图 4-2 所示。

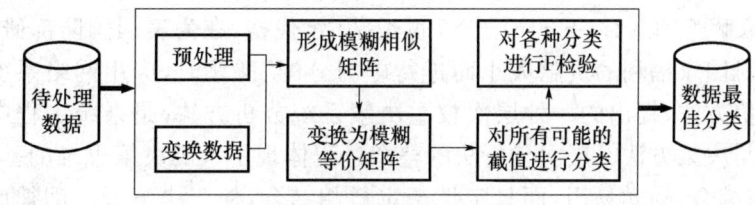

图 4-2 模型建立过程

模型建立过程:

第一步:建立数据矩阵和标准化。在实际应用中,不同的数据可能有不同的量纲。为了使不同量纲的数据也能进行比较,需要对数据进行适当的处理和变换。

设论域 $U=\{u_1,u_2,\cdots,u_n\}$ 为被分类的对象,每个元素由 m 个数据表示,对第 i 个元素有 $U_i=\{x_{i1},x_{i2},\cdots,x_{im}\}(i=1,2,3,\cdots,n)$,则对应的数据矩阵为

$$\begin{bmatrix} x_{11} & x_{12} & \cdots & x_{1m} \\ x_{21} & x_{22} & \cdots & x_{2m} \\ \cdots & \cdots & \vdots & \cdots \\ x_{n1} & x_{n2} & \cdots & x_{nm} \end{bmatrix}$$

标准差变换:

$$x'_{ik}=\frac{x_{ik}-\overline{x_k}}{s_k} \quad (i=1,2,\cdots,n;k=1,2,\cdots,m)$$

$$\overline{x_k}=\frac{1}{n}\sum_{i=1}^{n}x_{ik}$$

$$s_k\sqrt{\frac{1}{n}\sum_{i=1}^{n}(x_{ik}-\overline{x_k})^2}$$

经过变换后,每个变量的均值为 0,标准差为 1,并可以消除量纲的影响。

第二步:建立模糊相似矩阵。建立相似矩阵的方法有很多,主要集中在相似系数法、距离法和主观评论方法。本书采用算数平均值最小法得到模糊相似矩阵:

$$r_{ij} = \frac{\sum_{k=1}^{m} \min(x_{ik}, x_{jk})}{1/2 \sum_{k=1}^{m}(x_{ik} = x_{jk})}$$

第三步:建立模糊等价矩阵。通过求传递包将 n 阶模糊相似矩阵改造成为 n 阶模糊等价矩阵,即从模糊矩阵 R 开始,依次求平方 R、R_2、R_4…当第一次出现 $R_k R_k = R_k$ 时,表明 R_k 具有传递性,R_k 即为所求。

第四步:模糊聚类。选取不同 λ 值。根据不同的 λ 截矩,得到不同的分类,根据这些分类进行分析。选取分类水平并根据模糊矩阵确定聚类结果。

4.2.2 层次分析法

层次分析法(简称为 AHP 法),是将与决策总是有关的元素分解成目标、准则、方案等层次,在此基础之上进行定性和定量分析的决策方法。它是美国匹兹堡大学教授、著名的运筹学家萨蒂(T·L·Saaty)于 20 世纪 70 年代初,在为美国国防部研究"根据各个工业部门对国家福利的贡献大小而进行电力分配"课题时,应用网络系统理论和多目标综合评价方法,提出的一种层次权重决策系统分析方法,是系统工程中经常使用的一种评价与决策方法。层次分析法的整个过程体现了人的决策思维的基本特征,即分解、判断与综合,易学易用,而且定性与定量相结合,便于决策者之间彼此沟通。这种方法可以将人们的主观判断用数量形式来表达和处理,是一种定性和定量相结合的分析方法,是一种十分有效的系统分析方法。它的基本思路是把要解决的问题分层系列化,即根据问题的性质和要达到的目标,将问题分解为不同的组成因素,按照因素之间的相互影响和隶属关系将其分层聚类组合,形成一个递阶的、有序的层次结构模型。然后,对模型中每一层次因素的相对重要性,依据人们对客观现实的判断给予定量表示,再利用数学方法确定每一层次全部因素相对重要性次序的权值。最后,通过综合计算各层因素相对重要性的权值,得到最低层(指标层)相对于最高层(总目标)的相对重要性次序的组合权值,以此作为评价的依据。AHP 将人们的思维过程和主观判断数学化,不仅简化了系统分析与计算工作,而且有助于决策者保持其思维过程和决策原则的一致性,所以,对于那些难以全部量化处理的复杂的问题,它能得到比较满意的结果。

其基本步骤如下:①将复杂问题概念化,找出研究对象所涉及的主要因素;②分析各因素的隶属关系,构建有序的递阶层次结构模型;③对同一层次的各因素对于上一层该准则的相对重要性进行两两比较,建立判断矩阵;④由判断矩阵计算被比较因素对上一层该准则的相对权重,并进行一致性检验;⑤计算各层次相对于系统总目标的合成权重,并进行层次总排序。

4.2.3 数据包络分析法

数据包络分析(Data Envelopment Analysis,DEA)是于 1978 年由著名的运筹学家 Charnes A,Cooper W W 和 Rhodes E 首次提出的,其灵感来源于英国学者 Farrell 的"包络思想"。数据包络分析因其独特的优点受到了各方学者的青睐,应用范围也扩展到了建筑、航空、军事、城市建设、银行、医院等领域。DEA方法是在"相对效率评价"概念的基础上发展起来的,其实质是运用数学规划模型比较同类型的决策单元之间的相对效率,在此基础上实现对各个决策单元(Decision Making Unit,DMU)的综合分析。如确定每个决策单元的DEA有效性,确定其相对效率最高(即有效的DMU),并指出其非有效的原因和程度,判断各DMU的投入规模是否恰当以及如何进行有效调整等许多有价值的信息。1994年Easun首次应用DEA模型测定加利福尼亚初级中学图书馆效率,此后该方法在图书馆效率评价方面的应用不断得到深化。2002年我国学者白首晏首次将DEA方法应用于高校图书馆效率评价,拉开了我国图书馆应用DEA评价效率的序幕。DEA是用于评价具有相同性质的多投入、多产出的决策单元DMU的,是相对有效的非参数综合统计方法。其基本思路是把每一个被评价单位作为一个DMU,再由众多DMU构成被评价群体,通过对投入和产出比率的综合分析确定有效生产前沿面,并根据DMU与有效生产前沿面的距离状况确定DMU是否较DEA有效,同时还可用投影方法指出非DEA有效的原因及应改进的方向和程度。

与传统的图书馆效率评价方法相比,DEA具有无法比拟的优点。首先,DEA排除了很多主观因素,具有很强的客观性,能够对具有多输入、多输出特征的复杂系统进行相对效率评价,非常适合图书馆这种多部门的复杂系统结构的相对效率评价。其次,DEA避开了计算图书馆每项服务的成本,省去了进行货币单位转换的烦琐工作,实现了无量纲化的运算,保证了结果的准确性。再次,DEA是线性模型,通过对特定图书馆与一组提供相同服务的类似图书馆的效率比较,可以找出自身的不足,实现本馆效率的最大化。最后,将DEA应用于图书馆效率评价,不需要事先设定输入、输出之间的函数关系式,具有算法简单、评价结果全面等优点,更适用于图书馆发展的改进型评价。

当然,由于DEA特有的规定性及图书馆效率评价的特殊性,完全照搬DEA的方法与步骤评价图书馆效率很容易造成评价失真,导致决策失误。同时,由于DEA是跨学科的研究方法,涉及到经济学、运筹学、数学、管理学等诸多学科,图书馆学者在利用DEA评价图书馆效率的过程中,易忽视DEA的经验性制约条件,无法达到预期的评价目的,这是利用DEA评价图书馆效率必须注意的问题。为了使DEA更适用于图书馆效率评价,需要依据图书馆自身的属性,结合DEA的特点,对DEA作适当的修正与调适,以保证评价结果真实、客观。为了便于分析,从操作过程上可以把基于DEA的图书馆效率评价分为以下几个步骤,如图4-3所示。

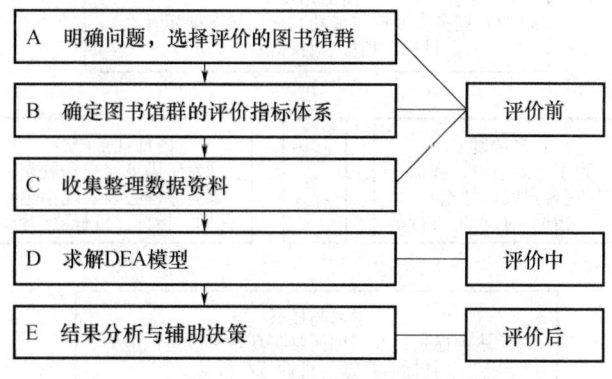

图4-3 基于DEA的图书馆效率评价步骤

4.2.4 平衡记分卡分析法

20世纪80年代中期,美国企业界引进日本的管理新方法,如全面质量管理(TQM)、工作授权等,而原有的财务评价体系无法量化企业在采用这些新的管理方法之后综合能力的提高。1990年,哈佛大学商学院教授罗伯特·卡普兰(Robert Kaplan)和美国复兴全球战略研究所的CEO戴维·诺顿(David Norton)对12家公司进行为期一年的"企业未来绩效平衡方法"的研究,以寻求新的绩效评价方法。他们讨论了许多可能的替代方法,最后决定采用计分卡这种囊括整个组织各方面活动的绩效评价系统,卡普兰和诺顿为这种新的工具起名为"平衡计分卡"(The Balanced Score Card,BSC)。1992年1—2月,《哈佛商业评论》(Harvard Business Review)发表了大卫·诺顿和罗伯特·卡普兰署名的研究成果——"平衡计分卡:促进绩效的提升"(The Balanced Scorecard: Measures That Drive Performance)。鉴于企业过去一向偏重财务性衡量指标而妨碍其创造未来长远经济价值与利益,诺顿和卡普兰提出了新的绩效衡量观点:希望未来的组织除了注重短期目标,也能兼顾长期发展的需要;除了关注财务表现外,同样重视非财务方面的组织运作能力,包括产品创新、内部流程、客户关系、人员学习与成长等。此外,过去企业制定成长目标时经常依赖内部观点,并局限于现有的基础及能力,而忽略了外在环境的变化和压力。而这些来自外在市场竞争以及客户期待的压力,更能促使企业迅速突破现有组织绩效的极限,发展出新的战略竞争局面。随着研究的深入,卡普兰和诺顿改进和拓展了平衡计分卡,于1996年出版了《平衡计分卡》一书,由此,平衡计分卡的概念逐渐发展和成熟,平衡计分卡被全球最大型的企业近半数组织所采用。鉴于平衡计分卡已被广泛接受和有效运用,《哈佛商业评论》将其列为20世纪最有影响力的75个理念之一。

平衡计分卡是从财务、客户、内部运营、学习与成长四个角度,将组织的战略落实为可操作的衡量指标和目标值的一种新型绩效管理体系。设计平衡计分卡的目的就是要建立"实现战略制导"的绩效管理系统,从而保证企业战略得到有效的执行。平衡计分卡方法体系在保留了传统财务评价的基础上,又增加了客户、内部运作过程、学习与成长3个方面的非财务指标,从这4个方面把企业战略目标分解为具体的目标和考核指标,实现对绩效的全面考核。迄今为止,平衡计分卡被全球企业界公认为最全面的考核体系。平衡计分卡由5个部分构成,包括1个中心、4个视角,它们之间的关系如图4-4所示。

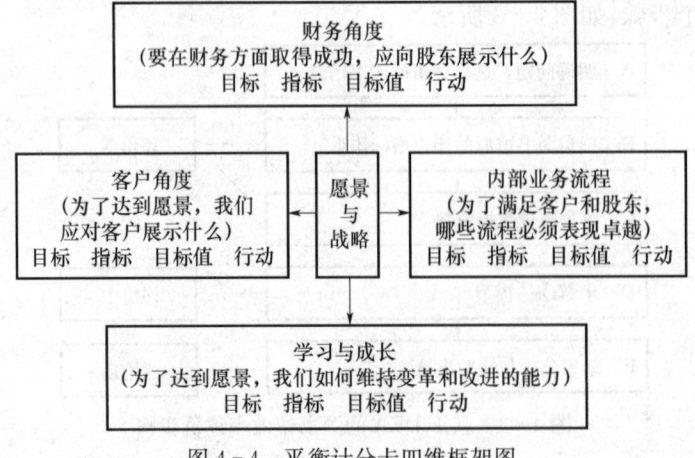

图4-4 平衡计分卡四维框架图

平衡计分卡的指标体系包括4项内容：

(1) 财务角度：要在财务方面取得成功，应向股东展示什么？一般指标有营业收入、资本报酬率、成本下降率等。

(2) 客户角度：为了达到愿景，我们应对客户展示什么？一般指标有客户满意度、客户保持率、客户获得率、客户盈利率、主要目标市场份额、销售增长率等。

(3) 内部业务流程：为了满足客户和股东，哪些流程必须表现卓越？一般指标包括创新流程、经营流程、售后服务流程等方面的指标，包括时间、质量、成本等。

(4) 学习与成长：为了达到愿景，我们如何维持变革和改进的能力？一般指标包括员工能力、信息系统能力和协作方面的指标，如员工保持率、员工生产率、员工满意度、战略信息覆盖率、合理化建议采纳率等。

4.2.5　基于BP神经网络的评估方法

BP(Back Propagation)神经网络于1986年由Rumelhart和McCelland为首的科学家小组提出，它是一种按误差逆传播算法训练的多层前馈网络，是目前应用最广泛的神经网络模型之一。这种方法与数据包络分析法相似，但计算方法更为简捷。对图书馆绩效进行评估，主要指图书馆的投入与产出。馆员、经费、馆舍、馆藏和设备是办馆的基本条件，即投入因素；图书馆产出，也就是绩效，既包括由投入直接产生的服务成果，也包括社会效益，即读者接受图书馆服务所产生的实际效果，还包括读者对图书馆的满意程度等多个方面。图书馆的投入与产出是一种多输入多输出的关系。基于BP神经网络分析法直接将一组参评图书馆的投入与产出量作为输入、输出变量，发挥BP神经网络技术特有的优势，以其并行分布、自组织、自适应、自学习和容错性等良好的性能，较好地适应图书馆绩效评估的多因素、多线性特征。BP神经网络由输入层、隐含层和输出层构成，各层的神经元数目不同，由顺传播和逆传播组成，具体操作时，从输入层输入预先设定的n个变量，经隐含层处理后传入输出层，其输出量y即为图书馆绩效的评估值。BP神经网络分析法不仅可以对训练集数据进行计算，还可以对训练集以外的输入数据以训练集数据为样本预估输出数据，这是至今为止其他定量分析方法所不及的。

第五章 图书馆绩效评估指标

5.1 国际图书馆绩效评估指标的制定

早在20世纪70年代,欧美图书馆界的一些著名学者就开始从理论和实践上论述评估的重要意义,如 F. W. Lancaster 所著的《图书馆服务的衡量与评价》是图书馆界公认的有关评估的理论著作。80年代,发达国家图书馆界开始研究如何开发绩效指标来评估图书馆的工作,1982年美国图书馆协会出版了《公共图书馆的绩效评估》,成为美国公共图书馆绩效评估的指南性文献。90年代,美国、英国、加拿大等国图书馆界颁布了一系列绩效指标体系。在国际图联和联合国教科文组织的推动下,国际标准化组织技术委员会信息与文献委员会(ISO/TC46)以国际图书馆界的研究成果为依据,筹备起草了有关图书馆绩效评估的国际标准、补充本,并相继获得出版发行。目前有关图书馆绩效评估的国际标准有:

ISO 11620:1998　图书馆绩效指标(Information and Documentation—Library performance indicators)(第1版,1998年4月)

ISO 11620:1998/Amd. 1:2003　图书馆绩效指标补充本1:增订图书馆绩效指标(Information and Documentation—Library performance indicators Amendment 1: Additional performance indicators for libraries)(补充本第1版,2003年7月)

ISO/TR 20983:2003　电子图书馆服务绩效指标(Performance indicators for electronic library services)(第1版,2003年11月)

ISO 2789:2006　国际图书馆统计(International Library Statistics)(第4版,2006年9月)

目前,国际图书馆界主要统计与绩效测评的系统或项目有:

欧洲委员会 LIBECON 项目(International Library Economics Research Study,简称 LIBECON)[http://www.libecon.org]

美国研究图书馆协会 LibQUAL+在线服务系统,目前已开发四大项目:LibQUAL+,DigiQUAL,MINES for Library,E-Metrics[http://www.libqual.org]

英联邦国家 SCONUL 项目(Society of College, National and University Libraries, SCONUL)[http://www.sconul.ac.uk]

英联邦国家图书馆和信息统计集成系统 LISU 项目(Library and Information Statiatis Unit,LISU)[http://www.liboro.ac.uk/depqrtments/dis/lisu]

COUNTER 项目"网络电子资源在线利用统计"国际项目[http://www.projectcounter.org]

ISO 11620:1998 和 ISO 11620:1998/Amd. 1:2003 统称 ISO 11620,是传统图书馆绩效评估的绩效指标标准,ISO/TR 20983:2003 则是对电子图书馆服务绩效评估的指标体系,它们是目前国际图书馆绩效评估的两大体系。传统与电子图书馆服务并不是割裂开来的,它们是复合在一个组织机构内的,尤其是网络和数字环境改变了图书馆利用的方式和方法,传统和电子图书馆的利用此消彼长。因此为了给图书馆一个综合的评价,同时弥补传统服务利用率的下降,国际图书馆界也在修订并整合 ISO 11620:1998、ISO 11620:1998/Amd.1:2003 和 ISO/TR 20983:2003,使其成为一体的评估复合图书馆的绩效指标的国际标准文件。

除了 ISO 11620 和 ISO/TR 20983:2003 两大图书馆绩效评估体系外,英美等发达国家图书馆界长期致力于图书馆评估的理论与应用研究,下面列举 LibQUAL+、美国《公共图书馆服务成效评估:规范化操作手册》、英国《公共图书馆服务标准》等具有代表性的图书馆评估方法和评估指标体系。

5.1.1 LibQUAL+——一种量表化图书馆质量评估系统

LibQUAL+来源于一种叫"SERVQUAL(Service Quality)"的服务质量评价模式,它是由美国研究图书馆协会(ARL)研发的一种以读者感受为导向的图书馆服务质量评价方法,是用于测度读者服务的最低期望水平、理想水平和感受到的水平的问卷式服务质量评估工具,是一种量表化图书馆质量评价系统。

2000 年 10 月,ARL 把 LibQUAL+评价体系归纳为 4 个层面:服务影响(Affect of Service)、图书馆整体环境(Library as Place)、信息获取(Access to Information)和个人控制(Personal Control)。每一个层面又被分为若干个问题(表 5-1)。

表 5-1　LibQUAL+服务质量层面及相关问题

层面	相关问题(25)
服务影响	全部期刊名录 及时的文献传递服务/馆际互借 需要标识的交叉学科 便利的开放时间 全面广泛的印刷藏书
图书馆整体环境	乐于帮助读者 彬彬有礼的工作人员 处埋读者服务问题的可靠性 给予读者个别关注 以关切的态度接待读者 具有解答读者咨询的知识的工作人员 随时随地回答读者问题 培养读者的自信心 理解读者需要
信息获取	便于安静学习的场所 宁静的场所 便于发挥想象和创造力的场所 舒适和吸引人的场所 沉思的场所

续表

层面	相关问题(25)
个人控制	能够从家中或办公室获得电子资源 让读者轻易地检索到所需要信息的现代化设备 能够使读者自己定位信息的图书馆网站 允许读者自己查找信息的易用检索工具 信息不受约束地易于获得 便于获得图书馆藏书

5.1.2 美国公共图书馆评估内容与评估指标

1982年,美国公共图书馆协会(Public Library Association)颁布了《公共图书馆服务成效评估：规范化操作手册》(Output Measures for Public Libraries：A Manual of Standardized Procedures)(1987年经修订出版了第2版)。该手册将图书馆服务的输出结果或服务绩效(Performance)分为5个方面评估内容及12个评估指标(表5-2)。

表5-2 美国公共图书馆评估内容与评估指标

评估内容	评估指标
图书馆使用状况	1. 每年每人平均到访图书馆次数＝该年读者实际到访图书馆总次数÷图书馆服务辖区内的人口总数 2. 登记使用者占社区人口的百分比＝登记使用者总人数÷图书馆服务辖区内的人口总数×100%
文献资料使用状况	3. 每年每人平均图书资料流通量＝该年图书资料流通量总数÷图书馆服务辖区内的人口总数 4. 每年每人平均馆内使用图书资料量＝该年馆内使用图书资料总数÷图书馆服务辖区内的人口总数 5. 每年每一图书资料的平均流通次数＝该年图书资料的总流通次数÷图书资料的馆藏总数
图书资料获得率	6. 图书资料刊名满足率＝读者在图书馆中实际找到的书刊名总数÷读者在图书馆中想找寻的书刊名总数×100% 7. 图书资料主题和著者名满足率＝读者在图书馆中实际找到的书刊主题和著者名总数÷读者在图书馆中想找寻的书刊主题和著者名总数×100% 8. 图书资料浏览者的满足率＝浏览者找到其有兴趣的资料人数÷图书资料浏览者的总数×100% 9. 图书资料的递送率＝7天(或14天、30天)内图书资料递送到读者手中的次数÷经由文献传递使读者获取资料的总次数×100%
参考咨询服务	10. 每年每人平均使用参考咨询服务次数＝该年使用参考咨询服务总次数÷图书馆服务辖区内的人口总数 11. 参考咨询服务完成率＝参考咨询服务圆满回答的总次数÷使用参考咨询服务的总次数×100%
图书馆活动状况	12. 每年每人平均参加图书馆活动次数＝该年读者实际参加图书馆活动的总次数÷图书馆服务辖区内的人口总数

5.1.3 英国公共图书馆服务标准

英国的文化传媒体育部于2008年修订了《公共图书馆服务标准》(表5-3),该标准共有10个测评指标,包括为读者提供方便服务的程度、图书馆被利用程度、读者满意度评价、馆藏资源保障程度等4个方面。

表5-3 英国公共图书馆服务标准

指标	最低标准或目标
指标1:固定图书馆一定距离内能覆盖的家庭比例	略
指标2:所有图书馆平均每千人拥有的开放时间	128小时
指标3:能够提供互联网信息资源的图书馆比例	100%
指标4:拥有互联网接口和提供联机书目查询服务的电子工作站(包括可供公众使用的固定图书馆、流动图书馆以及其他服务点)应达到每万人拥有数量	6个或以上
指标5:图书预约	17天内可获取图书的比例 15天内可获取图书的比例 30天内可获取图书的比例 目标: 50%在7天内到; 70%在15天内到; 85%在30天内到
指标6:平均每千人到馆人次	目标: 内伦敦区7650人次(或增加6800人次); 外伦敦区8600人次; 大都会区6000人次; 自治区6300人次
指标7:16岁以上读者对图书馆服务的评价	Ⅰ非常好;Ⅱ好;Ⅲ尚可;Ⅳ差;Ⅴ非常差
指标8:16岁以下读者对图书馆服务的评价	Ⅰ好;Ⅱ尚可;Ⅲ差
指标9:每千人读者新购馆藏	216种
指标10:流通馆藏替换年际	6、7年

5.2 图书馆绩效评估国际标准

国际标准化组织(ISO)技术委员会(Technical Committee,TC)第46分会信息与义献委员会(ISO/TC46 Information and Documentation),其下属的第8分会(SC8)统计与绩效评估(Statistics and Performance Evaluation)委员会,负责起草和制定图书馆相关标准。在国际图联和联合国教科文组织的推动下,国际标准化组织(ISO)技术委员会第46分会(ISO/T C46)下属的第8分会(SC8)以国际图书馆研究成果为基础,筹备起草了有关图书馆绩效评估的国际标准、补充本,并相继出版发行。1998年4月1日出版发行了国际标准 ISO 11620:1998"信息与文献 图书馆绩效指标"(表5-4);2003年7月5日发布该标准的补充本 ISO 11620:1998/Amd.1:2003"图书馆绩效指标 补充本 1:增订图书馆绩效指标"（表 5-5）；2003 年 11 月 1 日发布了国际标准技术报告 ISO/TR 20983"信息与文献 电子图书馆服务绩效指标"（表 5-6）。

表 5-4　ISO 11620:1998 图书馆绩效指标

被测评的服务、活动	绩效指标
用户总体评价	用户满意度
公共服务	目标人群覆盖率
	用户人均成本
	人均到馆率
	到馆平均成本
文献的提供	文献获取的有效性
	需求文献获取的有效性
	需求文献在馆藏中的百分比
	需求文献获取的时效性
	人均馆内利用率
	文献利用率
	未利用库存的百分比
	上架准确率
文献检索	闭架文献索取的时间
	开架文献索取的时间
文献借阅	外借馆藏周转率
	人均外借次数
	人均外借文献册数
	平均外借成本
	员工人均外借次数
	库存借阅率
外部资源的文献传递	馆际互借速度
咨询和参考服务	正确回答满足率
信息查询	题名目录检索成功率
	主题目录检索成功率
用户教育	无指标
设备	设备的有效性
	设备的利用率
	座位占有率
	自动化系统的有效性
技术服务	无指标
文献采访	无指标

续表

被测评的服务、活动	绩效指标
文献加工处理	无指标
编目	无指标
服务的改善	无指标
人力资源的有效性与利用	人均开展用户服务的员工
	开展用户服务的员工在总员工中的比例

表 5-5　ISO 11620:1998/Amd.1:2003 图书馆绩效指标
补充本 1:增订图书馆绩效指标

被测评的服务、活动	绩效指标
读者感知	读者满意度
公共服务	图书馆使用率
	服务每位读者的平均成本
	每位读者每年进馆次数
	服务每次进馆读者的平均成本
	图书资料的可获取性
	读者所需图书资料的可获取性
	读者所需图书资料占馆藏的比例
	读者所需图书资料的馆外可获取性
	读者在馆利用情况
	馆藏利用率
	未利用馆藏率
	排架正确率
	闭架馆藏查询所需平均时间
	开架馆藏查询所需平均时间
	馆藏平均流通次数
	每人每年图书资料借阅量
	特定时间内每人平均可借图书资料量
	每次图书资料流通的平均成本
	每位馆员年平均流通量
	特定时间内流通馆藏的使用率
	馆际互借处理速度
	参考咨询回答正确率
	题名检索成功率
	主题检索成功率
	设备的可使用性
	设备使用率
	阅览座位使用率
	自动化系统的可用性

续表

被测评的服务、活动	绩效指标
技术服务	图书资料进馆时间的中间值
	图书资料处理时间的中间值
	编目平均成本
推广服务	指标待定
读者服务	馆员平均成本
	投入读者服务的馆员比例

表5-6 ISO/TR 20983:2003 电子图书馆服务绩效指标

被测评的服务、活动		绩效指标
公共服务	概要	电子服务对服务人群的覆盖率
	服务的提供	电子馆藏建设的费用支出比率
	文献检索	每次登录平均下载文献数
		每次数据库登录平均成本
		每次文献下载平均成本
		登记被拒率
		规程 OPAC 登记比率
		虚拟访问的比率
	咨询与参考服务	通过电子方式递交的信息请求比率
	用户教育	人均用户参加电子服务培训课程的次数
	设备	人均工作站有效时间
		每个公共开放工作站的平均服务人数
		工作站利用率
人力资源的有效性与利用	员工培训	每名员工参加正式的 IT 和相关培训课程的平均时数
	员工安排	提供和发展电子服务的员工比率

ISO 11620:1998 图书馆绩效指标和 ISO 11620:1998/Amd.1:2003 图书馆绩效指标 补充本 1:增订图书馆绩效指标统称 ISO 11620"图书馆绩效指标",与 ISO/TR 20983:2003"电子图书馆服务绩效指标"一起构成目前国际图书馆绩效评估的两大体系。ISO 11620 从图书馆服务的用户评价(用户满意度)、公共服务、技术服务、服务的改善(暂未设指标)、人力资源的有效性与利用五个方面,共规范了 34 个指标,对传统图书馆的服务和活动进行绩效测评。ISO/TR 20983 从电子图书馆公共服务、人力资源的有效性与利用两个方面,规范了 15 个指标,对电子图书馆的服务和活动进行绩效测评。

随着信息化、数字化、网络化的发展,IT 技术在图书馆得到广泛的应用,现代图书馆的馆藏结构、服务手段和服务内容得到根本性的改变。传统图书馆与电子图书馆共存的复合图书馆已成为当今图书馆普遍的生存模式,图书馆的绩效评估指标应能适应图书馆的发展,通过进一步的修改完善,使其能充分具备作为工具的职能,评估图书馆所提供的服务和开展活动的质量和效果,以及评估图书馆为开展这些服务和活动所配置的资源的效率。目前,国际图书馆界正在修改并整合两大指标体系,使其成为一体的评估复合图书馆绩效指标的国际标准。国际图联主持国际标准 ISO 11620、ISO 2789 修订的主席,德国的 Roswitha Poll,从资源、可获取性、基础设施,利用,效率和潜能与发展 4 个方面,设计和整合了未来传统图书馆与电子图书馆的绩效评估指标体系(表5-7)。

表 5-7　未来 ISO 11620 指标体系一览表

服务名称 评估项目	传统服务	混合服务	电子服务
资源、 可获取性、 基础设施	上架准确率 闭架文献索取时间 开架文献索取时间	文献获取的有效性 需求文献获取的有效性 需求文献在馆藏中的百分比 设备的有效性 自动化系统的有效性 人均开展用户服务的员工 开展用户服务的员工在总员工中的比例	电子服务对服务人群的覆盖率 电子馆藏建设的费用支出比率 人均公共检索工作站台数 人均工作站有效时间
利用	外借馆藏周转率 文献利用率 人均馆内利用率 未利用库存的百分比	人均到馆率(包括虚拟访问) 人均用户培训次数 服务人群覆盖率 用户满意度 题名目录检索成功率 主题目录检索成功率 设备的利用率 座位占有率	每次登录平均下载文献数 登录被拒率 远程 OPAC 登录比率 虚拟访问的比率 通过电子方式递交的信息请求比率 每个公共开放工作站的平均服务人数 工作站利用率
效率	平均外借成本	需求文献获取的有效性 到馆平均成本 用户人均成本 馆际互借速度 文献采访时间 文献加工处理时间 每种文献编目平均成本 正确回答满足率	每次数据库登录平均成本 每次文献下载平均成本
潜能与发展	—	图书馆员工人均培训次数	每名员工参加正式的 IT 和相关培训课程的平均时数 人均用户参加电子服务培训课程的次数

ISO 2789 国际图书馆统计标准,是促进图书馆之间、不同国家图书馆之间的比较,它不关注绩效指标本身,也不关注如何最好地收集数据来产生这些绩效的指标,但它为图书馆界收集统计数据制定了规则,是有关图书馆数量的统计工具。ISO 2789 提供了从图书馆人员、设备、馆舍、馆藏规模、用户数量和服务等方面进行的数量统计标准,和 ISO 11620、ISO/TR 20983 一样,是评估图书馆绩效不可或缺的工具。

5.3 我国图书馆绩效评估指标的制定

我国图书馆绩效评估研究始于20世纪90年代初。国内学者普遍认为从曾月末翻译的《IFLA Journal》中关于图书馆绩效评估的文章,将图书馆绩效评估这一概念引入国内开始,之后的十年,也就是2000年前,是我国图书馆绩效评估的起步阶段,主要以介绍国外图书馆绩效评估的理论成果和实践经验为主。从2002年开始,随着《国家图书馆绩效评估指标体系》的制定,图书馆绩效评估开始引起广泛的关注并逐步成为图书馆界研究的热点问题,至2010年前为我国图书馆绩效评估的发展阶段。2010年全国哲学社会科学规划办公室将"图书馆绩效评估研究"列入国家社会科学基金项目指南,将图书馆绩效评估研究引入了一个新的高潮,进入理论研究与实践研究相结合的逐渐成熟阶段。2012年12月31日,《信息与文献 图书馆绩效指标》国家标准发布,并于2013年6月1日正式实施。

我国公共系统图书馆评估定级遵循的指标体系是由中国图书馆学会制定的各级图书馆评估标准。高校系统图书馆依据的指标是教育部高等学校图书情报指导委员会制定的《普通高等学校图书馆评估指标(修改稿)》,此外教育部组织开展的高职高专院校人才培养工作水平评估和普通高等学校本科教学工作水平评估中也设置了图书馆的等级标准。

自1994年3月文化部下发《关于在县以上公共图书馆进行评估定级工作的通知》以来,我国公共图书馆系统于1994年、1998年、2004年、2008年和2013年对全国公共图书馆系统进行了五次大规模的评估定级工作。2009年文化部制定了《公共图书馆评估标准》,根据这一标准,中国图书馆学会分别制定出了《省级图书馆评估标准》(表5-8)、《省级少年儿童图书馆评估标准》(表5-9)、《地级市图书馆评估标准》《地市级少年儿童图书馆评估标准》《县市级图书馆评估标准》《县市级少年儿童图书馆评估标准》和《省、地市、县市级图书馆定级必备条件》《省、地市、县市少年儿童图书馆定级必备条件》。安徽省等省、市、自治区图书馆学会也相应制定了各地方公共图书馆评估标准和评估细则。

表5-8 省级图书馆评估标准

一级指标	二级指标	三级指标
办馆条件	设施	馆舍建筑面积(万平方米)
		阅览室面积(万平方米)
		阅览座席(个)
	现代化技术装备	计算机数量(台)
		电子阅览室计算机数量(台)
		OPAC专用计算机数量(台)
		宽带接入(Mb/s)
	经费	补助经费(万元/年)
		年新增藏量购置费(万元/年)
	人员	学历
		职称
		领导班子状况
		业务人员岗位培训、继续教育(人均学时/年)
	总藏量(万册、件)	

续表

一级指标	二级指标	三级指标
基础业务建设	文献入藏	图书年入藏数量(万种)
		报刊年入藏数量(种)
		电子文献年入藏数量(件)
		视听文献年入藏数量(件)
		外文文献入藏
		网上资源收集、加工和利用
	藏书质量	文献采访方针和执行情况
		呈缴制度与执行情况
		地方出版物入藏种数/地方出版物种数(%)
		建有地方文献专藏体系
		多卷书、连续出版物入藏完整率(%)
	文献标引与著录	汉文普通图书分编误差率(%)
		古籍分编误差率(%)
		从编目中心下载、上传书目/分编总数(%)
	藏书组织管理	开架图书排架误差率(%)
		自建数据库
	自动化、网络化建设	馆内局域网
		图书馆网站
读者服务工作	读者满意率	
	普通服务	年外借册次(万册)
		年流通总人次(万人次)
		开架书刊册数/总藏量(%)
		书刊宣传
		每周开放时间
		服务点、分馆(个)
		弱势群体服务
		送书上门、送书下乡服务
	检索、咨询服务	年检索课题数量(项)
		年解答咨询数量(万条)
	信息服务	为领导机关决策提供信息服务
		为科研与经济建设提供信息服务
		为其他事业发展提供信息服务
		年编制二、三次文献
		图书馆网站利用情况(读者点击数)(万次)
	读书活动	年读者活动次数(次)
		年读者活动人次(万人次)
		图书馆服务宣传周
	社会教育与用户	

续表

一级指标	二级指标	三级指标
业务研究、辅导、协作协调	业务研究	在省以上刊物或国际会议上发表的论文篇数
		图书馆学、情报学专著(种)
		科研立项
		科研项目获奖
	辅导	基层辅导工作效果及业绩
		社区、乡镇图书馆(室)建设
		"共享工程"基层中心建设
		调查研究报告
		基层业务培训工作
	协作协调	编制联合目录
		网上联合目录参加单位数(个)
		网上联合目录条数(万条)
		开展文献采购协调
		开展文献馆际互借
	图书馆学会工作	
管理	人事管理	实行聘用制;实行岗位管理和工作目标管理责任制
		建立内部收入分配激励机制
	财务管理	
	设备、物资管理	
	档案管理	
	统计工作	
	环境管理	
	消防、保卫	
表彰、奖励		

表 5-9　省级少年儿童图书馆评估标准

一级指标	二级指标	三级指标
办馆条件	设施	馆舍建筑面积(万平方米)
		读者用房面积/总面积(%)
		阅览座席(个)
		建立低幼儿童玩具室
		设立声像服务室
	现代化技术装备	计算机数量(台)
		电子阅览室计算机数量(台)
		OPAC专用计算机数量(台)
		网络对外接口
	经费	补助经费(万元/年)
		年新增藏量购置费(万元/年)

续表

一级指标	二级指标	三级指标
办馆条件	人员	学历
		职称
		领导班子状况
		业务人员岗位培训、继续教育(人均学时/年)
基础业务建设	总藏量(万册、件)	
	文献入藏	图书年入藏数量(万种)
		报刊年入藏数量(种)
		连环画、低幼读物年入藏数量(册)
		电子文献、视听文献年入藏数量(件)
		外文文献入藏
		网上资源收集、加工和利用
	文献采访方针及执行情况	
	文献标引与著录	图书标引
		图书标引误差率(%)
		图书著录误差率(%)
		加工整理质量
		设立供读者使用的机读目录
	藏书管理与保护	闭架图书排架误差率(%)
		开架图书排架误差率(%)
		图书保护
	自动化、网络化建设	馆内局域网
		图书馆网站
读者服务工作	普通服务	年外借册次(万册次)
		年流通总人次(万人次)
		每周开放时间(小时/周)
		开架书刊册数/总藏量(%)
		为特殊少儿读者服务
		服务点、分馆(个)
	导读服务	书刊宣传
		阅读指导
		网上导航
		课外阅读兴趣辅导活动(班次)
	读者活动	年馆内读者活动次数(次)
		年读者活动人次(万人次)
		大型读者活动
		图书馆服务宣传周活动
	读者教育与用户培训	
	深化服务	检索、咨询
		年编制二、三次文献(种)

(续)

一级指标	二级指标	三级指标
业务研究、辅导、协作协调	业务研究	在省以上刊物发表论文数(篇/年)
		组织地区性学术活动(次)
	业务辅导	辅导工作业绩
		调查研究报告
		少儿图书馆网点建设
		业务培训工作
	协作协调	
管理	人事管理	实行聘用制;实行岗位管理和工作目标管理责任制
		建立内部收入分配激励机制
	财务管理	
	设备、物资管理	
	档案管理	
	统计工作	
	环境管理	
	消防、保卫	
表彰、奖励		

2003年2月25日,教育部高等学校图书情报工作指导委员会出台了《普通高等学校图书馆评估指标》(征求意见稿)(表5-10)及评估办法,加强了对高校图书馆建设的指导和检查。2012年2月21日教育部《普通高等学校图书馆规程(修订)》(教高[2012]3号)颁布实施,教育部高等学校图书情报工作指导委员会组织开展高校图书馆"文献资源建设"和"自动化建设"两个专项评估。教育部组织开展的《高职高专院校人才培养工作水平评估》和《普通高等学校本科教学工作水平评估》(表5-11)中设置了图书馆的等级标准,进一步推动了图书馆事业的整体发展。

表5-10 教育部"普通高等学校图书馆评估指标"(征求意见稿)

一级指标	二级指标	三级指标
A 办馆条件	A1 体制	A11 领导体制
		A12 组织机构
		A13 图书情报工作整体化
	A2 队伍建设	A21 队伍建设规划及落实
		A22 人员数量
		A23 人员素质
	A3 经费	A31 校拨正常经费
		A32 其他来源经费
		A33 经费使用情况
	A4 馆舍	A41 独立馆舍
		A42 阅览座位
		A43 设施与环境

续表

一级指标	二级指标	三级指标
B 文献资源建设	B1 馆藏	B11 馆藏情况
		B12 生均文献量
		B13 文献资源特色
	B2 加工、整序	B21 加工周期
		B22 标准化程度
		B23 质量
		B24 揭示报道
		B25 数据库建设
	B3 保存维护	B31 纸质文献典藏管理
		B32 其他载体文献管理
		B33 数据库维护与更新
	B4 资源共建	B41 文献购置协调
		B42 文献加工合作
C 自动化、网络化、数字化建设	C1 硬件	C11 服务器
		C12 工作站
		C13 网络设备
		C14 其他设备
	C2 系统软件	C21 服务器操作系统
		C22 网络管理系统
		C23 数据库管理系统
	C3 应用软件	C31 集成管理系统
		C32 Web 应用
		C33 数字图书馆应用
D 读者服务	D1 基本服务	D11 开馆时间
		D12 开架率
		D13 生均外借/下载量
		D14 网上服务
	D2 信息咨询服务	D21 信息咨询
		D22 馆际互借和文献传递
		D23 信息编译报道或推送
	D3 信息素质教育	D31 读者入门教育
		D32 文检课教育
		D33 校园文化建设
		D34 学生参与服务
	D4 读者评价	D41 读者问卷调查
		D42 读者座谈会调查
		D43 读者意见箱

续表

一级指标	二级指标	三级指标
E 科学管理	E1 规章制度	E11 业务规章制度
		E12 服务规章制度
		E13 管理规章制度
	E2 民主管理	E21 馆员参与决策
		E22 馆员参与管理
	E3 业务统计	E31 统计数据
		E32 档案资料
	E4 学术研究	E41 学术成果
		E42 学术会议
		E43 科研课题
		E44 学术组织成员

表 5-11 "高职高专院校人才培养工作水平评估"和"普通高等学校本科教学工作水平评估"图书馆等级指标

高职高专院校人才培养工作水平评估图书馆等级标准		普通高等学校本科教学工作水平评估图书馆等级标准	
合格	优秀	C	A
图书馆生均面积、馆藏册数基本达到教育部规定的合格标准	生均面积、馆藏册数、开放时间达到有关规定;馆藏适用专业发展的要求,有现代化的管理手段;图书馆流通率较高,图书有计划地逐年增加	生均图书:综合类院校达到100册以上,专门类院校达到80册以上;生均年进书量达到6册以上(包括校图书馆和院系资料室的图书)	管理手段先进,图书馆使用效果好

5.4 图书馆绩效指标国家标准

2007 年,图书馆统计标准和图书馆绩效指标的制修订任务被国家标准化管理委员会列入我国国家标准的制修订计划安排,由全国信息与文献标准化技术委员会第 8 分技术委员会——质量统计与绩效评估分技术委员会(文标会 8 分会)负责组织实施。文标会 8 分会作为与国际标准化组织 ISO/TC46/SC8 相对应的组织,工作范围与 ISO/TC46/SC8 完全一致,2008 年成立标准起草工作组,着手 GB/T 13191—2009/ISO 2789:2006《信息与文献 图书馆统计》的修订工作,于 2009 年 9 月正式实施,替代 1991 年第 1 版国家标准 GB/T 13191—1991《情报和文献工作机构统计标准》。以此为基础,2009 年文标会 8 分会全面推进 GB/T 20982—2012/ISO 11620:2008《信息与文献 图书馆绩效指标》的制定工作。2012 年 12 月 31 日,国家质量监督检验检疫局、国家标准化管理委员会发布了国家标准 GB/T 29182—2012/ISO 11620:2008《信息与文献 图书馆绩效指标》(表 5-12),于 2013 年 6 月 1 日正式实施,成为我国第 1 部图书馆绩效指标国家标准,并与 GB/T 13191—2009 图书馆统计标准共同构成我国图书馆统计与绩效评估的国家标准体系。

表 5-12　GB/T 29182—2012/ISO 11620:2008 信息与文献　图书馆绩效指标

被测评的服务、活动		绩效指标
资源、获取和基础设施	馆藏	所需文献的可获得性
		所需文献占馆藏的比率
		主题目录检索成功率
		被拒会话比率
	获取	排架准确率
		闭架书库索取文献时间的中位数
		馆际互借速度
		馆际互借成功率
	设施	千人人均公用工作站数
		人均可使用工作站时数
		用户人均面积
		千人人均座位数
		实际开放时间与需要开放时间之比
	员工	用户千人拥有图书馆员工数
利用	馆藏	馆藏流通率
		人均借阅量
		呆滞馆藏率
		人均内容单元下载量
		馆内人均使用量
	获取	人均到馆
		通过电子方式提交信息请求的比率
		外部用户比率
		外部用户借阅率
		用户人均参加图书馆活动次数
		用户人均参加培训次数
	设施	公共座位利用率
		工作站利用率
	总体情况	服务目标人群比率
		用户满意度
效率	馆藏	借阅平均成本
		数据库访问平均成本
		内容单元下载平均成本
		到馆服务平均成本
	获取	文献采访时间的中位数
		文献加工时间的中位数

(续)

被测评的服务、活动		绩效指标
效率	员工	开展用户服务的员工占员工总数的比率
		回答正确率
		文献采访支出与员工成本比率
		员工文献加工能力
	总体情况	用户人均成本
潜力与发展	馆藏	图书馆用于购买电子资源的支出占图书馆文献采访总支出的比率
	员工	提供电子服务的员工占员工总数的比率
		员工接受正规培训人均时数
	总体情况	图书馆通过专项拨款或创收获得的经费比率
		资助机构拨付给图书馆的经费比率

5.4.1 绩效指标的测试标准

根据 GB/T 29182—2012/ISO 11620:2008《信息与文献 图书馆绩效指标》的要求，一项图书馆绩效指标必须经过全面测试、验证并(最好是)在文献中经过充分的论证。测试绩效指标时宜遵循以下标准：

(1) 内涵丰富。绩效指标必须内涵丰富才能作为工具来评估图书馆的某项活动，确认取得的成绩，指出存在的问题和不足，以便采取有效措施加以补救。绩效指标也应该能为决策提供信息，例如目标设定、预算分配、确定服务和活动的轻重缓急等。

(2) 可靠性。绩效指标必须是可靠的，当在相同情况下重复运用时能始终如一地产生相同的结果。

(3) 有效性。绩效指标对所要测评的内容应该是有效的。

(4) 适用性。绩效指标应适用于它的预定目的。也就是说，计量单位和规模应相匹配，执行评估程序所必需的操作应与图书馆的工作流程及物理布局相一致。

(5) 实用性。绩效指标必须是实用的。也就是说，评估指标利用图书馆所产生的数据，就能够衡量一定的努力程度，如员工时间、员工素质、运行成本及用户时间与耐心。

(6) 可比较性。图书馆绩效指标允许用于图书馆之间的比较。在考虑分值准确的情况下，如果分值相同即说明被比较的图书馆在服务质量或效率方面处于相同水平。

5.4.2 绩效指标的分类

GB/T 29182—2012/ISO 11620:2008《信息与文献 图书馆绩效指标》依据平衡计分卡方法，将绩效评估指标划分为资源、获取和基础设施，利用，效率，潜力与发展 4 个方面：

1) 资源、获取和基础设施：评估图书馆资源和服务的满足率及可获得性(例如：员工、文献数量、公用工作站)的绩效指标。

2) 利用：评估图书馆资源和服务的使用情况（例如：图书馆资料借阅、电子资源下载和设备使用）的绩效指标。

3) 效率：评估图书馆资源和服务的效率（例如：借阅、电子资源访问或下载的平均成本、获取或加工文献的时间、正确回答率）的绩效指标。

4) 潜力与发展：评估图书馆在新增服务和资源方面的投入，以及获取充足发展资金的能力（例如：用于电子资源的经费和员工参加正式培训的次数）的绩效指标。

在这4个方面的基础上，再根据服务和资源的5个方面（馆藏、获取、设施、员工和总体情况）进一步细分，形成15个二级类目，每个二级类目下列出具体的绩效指标，共45项图书馆绩效指标（表5-13）。

表5-13 GB/T 29183—2012 图书馆绩效指标类别分布

一级类目 二级类目	馆藏	获取	设施	员工	总体情况
资源、获取和基础设施	4	4	5	1	—
利用	5	6	2	—	2
效率	4	2	4	—	1
潜力与发展	1	—	—	2	2

5.4.3 绩效指标的描述

GB/T 29182—2012/ISO 11620:2008《信息与文献 图书馆绩效指标》规定，绩效指标描述包括名称、目的、适用范围、指标定义、说明及影响指标的因素、来源、相关指标等7个方面的要素，其中前6个要素是必备项，第7个方面的要素是可选项。该标准附录B对附录A中规定的45项图书馆绩效指标从上述7个方面逐一进行了详细的描述。

5.4.4 绩效指标的选择

GB/T 29182—2012/ISO 11620:2008《信息与文献 图书馆绩效指标》中提供的绩效指标对图书馆来说都是最为有用的。但不同类型的图书馆，其所处的环境各异，服务于不同的用户群体，并有一系列的不同特征，图书馆所能提供的服务和资源也会受到各种情境因素的影响，在使用该指标时，可把"附录A：图书馆绩效指标一览表"作为菜单，根据本图书馆的宗旨、目标和任务，从中选择适合本图书馆绩效评价的绩效指标。

在为某一特定的图书馆选择绩效指标时，应考虑以下因素：

(1) 所选择的指标对图书馆管理、资助机构和成员用户是否有帮助。

(2) 图书馆员工是否具有某些目前应当开展却没有开展的特殊活动或领域的知识，即使这只是员工的一种直觉，这就有了利用绩效指标找出存在问题的充足理由。

(3) 图书馆员工为获取绩效指标能投入怎样的精力去采集和分析数据；绩效指标的获取需要花费的员工时间和各种资源，只有在这些条件得到保障时才会产生精确的绩效指标；图书馆员工还必须具有一系列的统计程序方面的实用知识。

(4) 外部行政管理部门是否要求图书馆对特定服务领域的数据进行报告，回答如果是肯定的，就要决定能否利用同一数据产生图书馆绩效指标。

5.4.5 绩效指标的局限性

5.4.5.1 绩效指标分值的优化

图书馆绩效指标的使用者应当认识到,所有的绩效指标不可能同时达到最优化的分值。绩效指标的数值应按照图书馆期望达到的目标来解释,而不是简单地按照特定绩效指标的分值高低来解释。

5.4.5.2 绩效指标的(评估结果)准确度

对评估结果的解释应采取慎重的态度,抽样失误、测评过程的主观因素或评测过程时间和所需资源的不足,均会导致评估结果缺乏准确性。这也可能表明一些绩效指标本身具有不精确性。

5.4.5.3 用户技能与图书馆绩效

在某种程度上,用户是否具备有效利用图书馆的技能也会对图书馆绩效指标产生影响。

5.4.5.4 图书馆资源与服务的关联

当绩效不佳时,似乎意味着需要增加资源来改进图书馆的服务,但并非必然如此。事实上,图书馆的资源和服务之间可能没有如此强烈的关联。员工的能力、管理方法及各种其他因素,包括增加资源的因素,都可能对不同图书馆服务质量产生不同程度的影响。

5.4.5.5 绩效指标数据的可比性

使用绩效指标数据的首要目的是自我诊断,这可能包括同一图书馆不同年度的绩效比较。第二个目的是鼓励不同图书馆之间进行有益的比较,规范化的绩效指标和数据采集程序有助于完成这个评估过程。然而,此类的比较应考虑各馆的下列情况:宗旨、目标和任务;绩效指标的实施范围;资源、用户群体、管理结构、工作流程。

如果对不同图书馆之间绩效指标的分值进行比较,须十分谨慎并充分意识到这种比较存在的局限性。

GB/T 29182—2012/ISO 11620:2008《信息与文献 图书馆绩效指标》只提供已经被图书馆界公认或验证的绩效指标,并没有涵盖图书馆绩效评估所涉及的所有指标和方法。随着新技术在图书馆的广泛利用,以及图书馆管理、图书馆业务工作等方面的创新发展,一些新的绩效指标和评估方法会不断地推出。图书馆在绩效评估时,不排除对尚未列入该标准的绩效指标加以使用。

5.5 我国图书馆绩效评估指标存在的问题

我国的图书馆评估,从全国范围来看,主要有公共图书馆系统 1994 年、1998 年、2004年、2008 年和 2013 年进行的 5 次大规模的评估定级工作,教育部高等学校图书情报工作指导委员会开展的高等学校"文献资源建设"和"自动化建设"两个专项评估,教育部本科教学工作水平评估等。每次的评估,都制定了详细的评估方法和评估指标体系,评估体系也在实践中得到不断的补充、修改、完善。随着国际图书馆界对 ISO 11620 和 ISO 2789 的修改完成(ISO 11620:2008[第 2 版]、ISO 2789:2006[第 4 版])并公布实施,我国国家质量监督检验检疫总局、国家标准化管理委员会相继发布了 GB/T 13191—2009

《信息与文献　图书馆统计》(第2版)和 GB/T 29182—2012《信息与文献　图书馆绩效指标》(第1版)。但在实际工作中,仍存在着诸多方面需要解决的问题。

5.5.1　统计数据的真实有效性

当一项指标需要利用抽样方法进行数量统计时,不同的测评者对同一指标的理解程度不同,就会降低测评结果的有效性。例如在 GB/T 29182—2012 中,有关所需文献的测评(B1.1.1,B1.1.2),该标准对读者"所需文献"的解释是"至少一个用户需要,且立即可获得的印刷或电子格式的图书馆馆藏文献",采取的方法是"从印刷或电子格式的图书馆馆藏文献或被授权使用的文献中至少一位用户需要的文献进行随机抽样""样本仅包括特定题名的所需文献,不包括主题搜索的文献"。在实际测评中,常常会遇到读者对所需文献是没有特定要求的,而是根据图书的内容查找相关的文献,读者立即可获得的文献是否就是读者所需文献呢,不同的测评者会有不同的答案。当用不同的尺度去测评同一指标,在馆际间进行横向比较时,往往就会使评估数据失效。

5.5.2　指标统计口径的规定

关于实际开放时间(B.1.3.5),该标准的定义是"指正常一周内图书馆提供主要服务(如参考咨询和借阅服务、阅览服务)的时间",其统计是采用所有开放窗口的周均数还是以开放时间最长的某个窗口为准;呆滞馆藏率(B.2.1.3)中的呆滞图书量的统计,采用的是抽样方法,其样本是"在图书馆的文献中进行随机抽取",由于各馆的馆藏布局和藏书结构是不一样的,样本中总样的界定对本指标值具有决定性的影响,如样本是来自总库还是一年内的新书或一段时间的入馆图书等。如果统计口径没有严格的一致,得出的结果就没有可比性,得不到评估的真正目的。

5.5.3　关于指标数量的界定

指标的数量基本上由参评图书馆有针对性地提供,整个评估过程很少有实测环节,缺乏现场实际情况的调研以及数据的核实,难以保证评估结果的准确性和真实性。

5.5.4　单项指标在整个指标体系中的重要程度

由于各馆的目标、宗旨和任务等各不相同,即使相同性质、相同规模的图书馆,各项指标的重要程度也是不一样的,简单的数字累计无法衡量馆际间绩效水平的高低,需要采取科学的方法测度各项指标的权重系数。

5.5.5　指标之间的关联性及其影响程度

在 GB/T 13191(图书馆统计国家标准)和 GB/T 29182(图书馆绩效指标国家标准)出台之前,所有的评估指标基本上都是以图书馆业务工作的统计数据直接作为评估的指标,缺乏对指标间的关联因素和影响因素分析,显然不能直观地反映出一个图书馆的绩效水平。国家标准中,分别列出了各项指标的影响因素,但影响程度到底有多大,如一馆电子藏书的增加对纸本图书的借阅率产生怎样的影响等,各馆之间会存在较大的差异,需要具体问题具体分析。

5.6 图书馆绩效评估指标的构建

根据 GB/T 29182—2012/ISO 11620:2008《信息与文献 图书馆绩效指标》,制定图书馆绩效评估指标的目的:一是以绩效指标为工具,对图书馆所提供的服务、资源及各项活动的质量和效益进行评估;二是对图书馆为开展这些服务和活动所配置的资源的效率进行评估。

构建科学合理的图书馆绩效评估指标,首先要充分考虑图书馆的行业性质、宗旨、目标和任务;其次是要考虑各项指标要充分体现图书馆所提供的服务、资源及各项活动的质量和效益以及各项资源的利用效率。当测评一个图书馆的整体绩效时,图书馆的行业性质、宗旨、目标和任务在指标体系中各项指标的权重得到具体体现,当对图书馆活动的某一专项,如文献资源、人力资源、服务质量等进行评估时,尤其是测评图书馆管理绩效时,该指标应该有所体现。总体而言,图书馆绩效指标的构建,具体涉及以下几个基本方面:

5.6.1 办馆条件

5.6.1.1 馆舍
(1)用户人均面积。评估图书馆作为一个学习、开会的场所以及学习中心的重要性,并说明图书馆对这些任务的支持程度。
(2)千人人均座位数。评估图书馆为每一千个用户所能提供的在图书馆中学习、阅读或工作的座位数。
(3)千人人均公用工作站数。评估每一千个用户中可使用的工作站数量。
(4)实际开放时间与需要开放时间之比。评估图书馆开放时间符合用户需要的程度。

5.6.1.2 馆藏
(1)用户人均有效文献册数。评估图书馆馆藏对用户保障情况。
(2)用户人均年进新书量。评估图书馆年进新书情况。
(3)有效文献占馆藏的比率。评估用户需要的文献在多大程度上是图书馆所拥有的。

5.6.1.3 人员
(1)用户千人拥有图书馆员工数。评估每千人用户有多少员工为其服务。本指标可根据特定需要,进一步细分为学科馆员人数、专业技术人员数等。
(2)从事用户服务的员工比例。评估图书馆从事服务的员工占总员工数的比例。

5.6.1.4 经费
(1)人均年度文献资源购置费。评估图书馆经费对用户的保障情况。
(2)年度文献资源购置费比例。评估图书馆经费多大程度上用于购置文献资源。
(3)用户人均成本。评估图书馆服务成本。

5.6.2 服务

5.6.2.1 人均到馆率
评估图书馆各种服务成功吸引用户的程度。

5.6.2.2 外部用户比率

评估图书馆服务人群之外的用户占图书馆用户的百分比,评估图书馆在区域的重要性。

5.6.2.3 排架准确性

评估图书馆目录中所记录的文献在书架上正确位置的程度。

5.6.2.4 闭架书库索取文献时间的中位数

评估检索系统的有效性。

5.6.2.5 馆际互借速度

评估从发出馆际互借或文献传递请求到收到的时间间隔。

5.6.2.6 馆际互借成功率

评估实际满足的馆际互借或文献传递占所有馆际互借或文献传递的百分比。

5.6.2.7 用户人均参加图书馆活动的次数

评估图书馆活动对其服务人群的吸引力。

5.6.2.8 用户人均参加培训次数

评估图书馆通过其服务方面的培训成功接触用户的情况。

5.6.2.9 目标人群覆盖率

评估图书馆服务于目标人群的成功率。

5.6.3 利用

5.6.3.1 馆藏流通率

评估馆藏的总体利用率。也可用于评估某一学科或某一时间段所购文献的利用率。

5.6.3.2 呆滞馆藏率

评估在指定的时段内没有使用的馆藏的数量。

5.6.3.3 人均借阅量

评估服务人群对图书馆馆藏的使用情况。

5.6.3.4 人均馆内使用量

评估服务人群对图书馆馆藏的使用情况。

5.6.3.5 人均文献下载量

评估馆藏电子资源的利用情况。

5.6.3.6 人均馆际互借或文献传递量

评估用户通过电子方式获取的文献情况。

5.6.3.7 人均参考咨询次数

评估用户通过图书馆员工进行咨询的情况。

5.6.4 效率

5.6.4.1 借阅平均成本

根据借阅量评估图书馆服务成本。

5.6.4.2 数据库访问平均成本

根据数据库访问数量评估数据库的访问成本。

5.6.4.3 文献单元下载平均成本
根据文献单元下载数量评估电子资源的利用成本。
5.6.4.4 到馆服务平均成本
根据图书馆到馆人数评估图书馆服务的成本。
5.6.4.5 文献采访时间的中位数
从速度方面评估提供图书馆资源供应商的工作效率。
5.6.4.6 文献加工时间的中位数
从速度方面评估图书馆员工的工作效率。

5.6.5 总体情况

5.6.5.1 用户满意度
评估用户对图书馆整体或各种服务的满意程度。

5.6.6 潜力与发展（指标内容根据需要另定）

5.6.6.1 特色文献资源开发与利用情况
5.6.6.2 文献资源共建共享情况
5.6.6.3 联合编目情况
5.6.6.4 电子馆藏建设情况
5.6.6.5 用户教育情况

第六章 图书馆绩效评估研究综述

所谓评估,就是以科学的方法,对于一件事物或整个组织,依照事前设定的基准,评估其可行性或绩效,进而列举其优劣并提出改进建议。

所谓绩效(performance),是指图书馆提供服务的效果和提供服务过程中资源配置及利用的效率。

绩效评估,就是评估图书馆所提供的服务和开展的其他活动的质量和效果,并评估图书馆为开展这些服务和活动所配置资源的效率。简言之,绩效评估是关注图书馆投入与产出及效率的评估,是采用定性和定量的方法,对图书馆各项工作和预定目标进行评价和测度。

早在20世纪70年代,图书馆界的一些著名学者就开始从理论和实践上论述评估的重要意义,如F. W. Lancaster 的《图书馆服务的衡量与评价》(The Measurement and Evaluation of Library Services),是图书馆界公认的有关评估的理论著作。1980年,美国图书馆协会下属的公共图书馆协会(the Public Library Association,PLA)发布了《公共图书馆计划程序》(A Planning Process for Public Libraries),取代了新版的国家行业规定的标准。

从20世纪80年代起,欧美发达国家的图书馆界就已经开始研究如何开发绩效指标来评估图书馆的工作,经过了一个边开发边实践应用边完善的过程。1982年美国图书馆协会出版了《公共图书馆的绩效评估》(Output Measures for Public Libraries),成为美国公共图书馆绩效评估的指南性文献。

到20世纪90年代初,美国、英国、加拿大、澳大利亚等国图书馆界颁布了一系列绩效指标体系,如1990年英国发布了《成功的关键:公共图书馆绩效指标——绩效测评和指标手册》(Keys to Success:performance indicators for public libraries:a manual of performance measures and indicators);1990年美国大学和研究图书馆协会(ACRL)"学术图书馆绩效测评项目"(Performance Measure for Academic Libraries Project)开发了绩效评估的方法;1995年英格兰高等教育基金管理委员会制定了绩效评估的方法,同期发布了评估学术图书馆绩效的纲领性报告:《有成效的学术图书馆:评价英联邦学术图书馆绩效的纲领——图书馆绩效指标的联合咨文报告》(The Effective Academic Library:a framework for evaluating the performance of UK academic libraries:a joint consultative report to the HEFCE, SHEFC, HEFCW and DENI by the Joint Funding Councils' Ad Hoc Group on Performance Indicators for Libraries)。

从20世纪90年代初期到中期,尽管有不少国家图书馆界开发了各自的绩效指标体系,但是它们之间在术语和定义、测量方法上都不统一,因而不具有可比性。而且这些传统的指标体系都是从图书馆自身的工作经验和知识基础来设计的,是根据图书馆自己的需要来评价图书馆对自身工作感知的满意度,很少是从用户的角度来观察、剖析图书馆对用户服务的质量和满意度。而其时,国际图书馆界正在实施全面的质量管理,1995年欧盟委员会以英国中央兰开夏大学(the University of Central Lancashire)为基地建立了"图书馆与信息管理研究中心",开始进行"欧洲图书馆绩效评估与质量系统"(Evaluation and Quality in Library Performance: System for Europe, EQLIPSE, http://www.cerlim.ac.uk/projects/eqlipse/index.php)的项目研究,提出绩效评估要与质量管理相结合,开发设计以用户为导向的指标体系,从此引发国际图书馆界从1995年开始,其后长达十余年的图书馆质量评估——绩效指标的国际标准研究。目前,国际图书馆界已制定有一整套绩效评估的系列国际标准,也已形成了完善的绩效评估的理论体系和规范化的绩效评估实践程序和方法。这一整套绩效评估的国际标准包括:

ISO 11620:1998 图书馆绩效指标(Information and Documentation—Library performance indicators)(第1版,1998年4月)

ISO 11620:1998/Amd. 1:2003 图书馆绩效指标补充本1:增订图书馆绩效指标(Information and Documentation—Library Performance Indicators AMENDMENT 1:Additional performance indicators for libraries)(补充本第1版,2003年7月)

ISO/TR 20983:2003 电子图书馆服务绩效指标(Performance indicators for electronic library services)(第1版,2003年11月)

ISO 2789:2006 国际图书馆统计(Informational and Documentation—International Library Statistics)(第4版,2006年)

其中,ISO 11620:1998 和 ISO 11620:1998/Amd. 1:2003 统称 ISO 11620,是传统图书馆绩效评估的标准,ISO/TR 20983:2003 则是电子图书馆服务绩效评估的指标体系,但是传统与电子图书馆服务并不是割裂开来的,它们是复合在一个组织机构内的,尤其是网络和数字环境改变了图书馆利用的方式和方法,传统和电子图书馆的利用此消彼长,因此为了给图书馆一个综合的评价,同时弥补传统服务利用率的下降,国际图书馆界正在修改并整合这两大指标体系,使其成为一体的评估复合图书馆绩效指标的国际标准。

我国图书馆绩效评估研究始于20世纪90年代初,国内学者普遍认为从曾月末翻译的《IFLA Journal》中关于图书馆绩效评估的文章,将图书馆绩效评估这一概念引入国内开始,之后的十年,也就是2000年前,是我国图书馆绩效评估的起步阶段,主要以介绍国外图书馆绩效评估的理论成果和实践经验为主。从2002年开始,随着国家图书馆绩效评估体的构建,图书馆绩效评估开始引起广泛的关注并逐步成为图书馆界研究的热点问题,至2010年前为我国图书馆绩效评估的发展阶段。2010年全国哲学社会科学规划办公室将"图书馆绩效评价研究"列入国家社会科学基金项目指南,将图书馆绩效评估研究引入了一个新的高潮,研究将进入理论研究与实践研究相结合的逐渐成熟阶段。

本书采用文献调查的方法,以中国学术期刊全文数据库和中国科技期刊数据库为主,借助"读秀学术搜索"平台,对1990—2010年近二十年来我国图书馆绩效评估方面的发文情况进行统计,进一步了解我国图书馆绩效评估方面的研究脉搏和研究现状。我国图书馆近二十年来绩效评估研究论文的年代分布如表6-1所列。

表 6-1 我国图书馆近二十年来绩效评估研究论文的年代分布

年份	发文量	年份	发文量
1990	1	2001	1
1991	2	2002	3
1992	1	2003	2
1993	1	2004	4
1994	1	2005	20
1995	1	2006	18
1996	0	2007	29
1997	0	2008	34
1998	0	2009	48
1999	1	2010	61
2000	1	合计	229

从上表中我们可以看出，我国图书馆关于绩效评估方面的研究，主要集中在国际图书馆绩效评估系列标准实施以后，特别是自2002年中国国家图书馆绩效评估体系构建以后。

我们对2001—2010年国内图书馆绩效评估方面的研究论文进行主题分析，这期间发表的相关研究论文220篇，将相关的研究论文分为十大类。第一类为概述性研究，主要是对图书馆绩效评估的概念、产生、发展、意义和原则等进行研究；第二类是国外图书馆绩效评估研究；第三类为图书馆绩效评估指标体系的研究；第四类是图书馆绩效评估的方法和模型的研究；第五类为图书馆人力资源方面绩效评估的研究；第六类为图书馆文献资源方面的绩效评估研究；第七类为数字图书馆方面的绩效评估研究；第八类为图书馆服务方面的绩效评估研究；第九类为图书馆业务方面的绩效评估研究；第十类为图书馆联盟方面的绩效评估研究。其余的还有少量其他方面的绩效评估研究。我国图书馆绩效评估研究论文的主题分布如表6-2所列。

表 6-2 我国图书馆绩效评估研究论文的主题分布

主题	数量	比例
概述性研究	36	16.4%
国外图书馆绩效评估研究	7	3.2%
图书馆绩效评估指标体系研究	35	15.9%
图书馆绩效评估方法与模型研究	40	18.2%
图书馆联盟绩效评估研究	7	3.2%
图书馆人力资源绩效评估研究	25	11.4%
数字图书馆绩效评估研究	32	14.5%
图书馆文献资源绩效评估研究	9	4.1%
图书馆业务工作绩效评估研究	12	5.1%
图书馆服务绩效评估研究	11	5%
其他	6	3%
合计	220	100%

6.1　概述性研究

这里的概述性研究指对图书馆绩效评估基本问题的研究,如图书馆绩效评估的概念、产生、发展、意义、原则等的研究。

概念、目标、意义:李致忠的《关于图书馆的绩效评估》是我国研究图书馆绩效评估较早的一篇文章,文章对图书馆绩效评估的由来、国际标准中的有关名词术语的含义、国家图书馆绩效评估指标体系的框架结构、图书馆绩效评估的方式方法等做了详细阐述,认为图书馆绩效评估的意义在于透过评估评出图书馆的办馆效益和办馆者的业绩,是图书馆追求高质量工作的需要,是图书馆提高和改变对外服务形象的需要,表明图书馆的管理工作水平发展到了一个新的阶段。富平从绩效评估的含义、建立图书馆绩效评估体系的意义和作用、国家图书馆绩效评估指标体系建立的依据、国家图书馆绩效评估指标体系结构、国家图书馆绩效评估的实施办法等方面进行总结,认为图书馆绩效评估就是采用定性和定量的方法,对图书馆各项工作和预定目标进行评价和测度。余胜认为图书馆绩效评估就是对照统一的指标,采取一定的方法,对图书馆投入的资金和资源,图书馆管理者和从业人员在一定时间内经营图书馆所取得的业绩及图书馆在一定时间内提供各项服务中所获得的效益进行评价和测评。他分析了我国图书馆绩效评估经历了初步发展、多元化发展和转型发展3个阶段,指出图书馆绩效评估研究与实践的发展呈现出的评估指标标准化、评估对象数字化、评估主体多元化、评估客体整体化的态势。

绩效与成效评估:张红霞辨析了图书馆绩效评估和成效评估两个概念,认为绩效评估是评估图书馆所提供的服务和开展的其他活动的质量和效果以及图书馆为开展这些服务和活动所配置资源的效率,指出目前国际图书馆界对服务质量评价的重心已经开始从绩效评估向成效评估转移。

原则、要素:赵圭在《图书馆绩效评估的原则》中总结了图书馆绩效评估应遵循的7条原则:时代性与科学性原则;系统性与层次性相结合原则;定性与定量相结合原则;相对稳定与动态发展原则;目标与过程相结合原则;全面、客观、真实性原则和实用方便、可操作性原则。庄雷在《图书馆绩效评估要素说》一文中,从图书馆绩效评估现状、评估要素的基本内容及评估要素的关系等方面进行研究,将图书馆绩效评估要素细分为目标要素、方法要素、时点要素等显性要素和比对要素、信度要素、心理要素等隐性要素。

6.2　国外图书馆绩效评估研究

我国对图书馆绩效评估的研究始于对国外相关研究的介绍,早在1990年和1991年,曾月末和杨琼就翻译了IFLA公共图书馆绩效评估手册中的内容,对图书馆绩效评估的相关概念及评估框架做了介绍。

理论探索:1999年,罗曼、李征撰文介绍了国外图书馆绩效评估发展演变的历史及相关学者的理论成果,提出科学地进行图书馆绩效评估要正确认识绩效测度的目的,并借助评估改进提升图书馆管理绩效。金小璞等介绍了国外有关图书馆服务绩效评估的经典著作,梳理了国外图书馆服务绩效评估的发展历程,并指出我国的图书馆正处在范式演变的过程之中,有必要在借鉴国外图书馆绩效评估的各种标准及实践经验的基础上,结合我国图书馆事业独特的发展规律与自身特点,不断调整图书馆服务绩效评估指标体系中的各项指标,让其更能反映时代的特点及实践的需求,更好地服务于知识经济时代的社会建设。

评估方法:祝碧衡、周玉红介绍了国外公共图书馆绩效评估的方法及相关的理论探索,并对英国公共图书馆绩效评估标准问题进行了系统分析。

人力资源评估:周玥、邱雅静对耶鲁大学图书馆的岗位聘任制度与绩效考核制度(包括岗位绩效考核的程序、岗位绩效考核工作的流程图等内容)进行了系统介绍,认为岗位绩效考核过程中需要考虑工作目标的设定、员工的工作能力和员工个人学习计划的制定等重要因素。

数字资源评估:邓湘琳和陈亚召在《国内外数字资源绩效评估研究现状分析》一文中介绍了国外数字资源主要研究项目:①EQUINOX 项目;②图书馆统计与评估的数据收集模型;③电子图书馆发展评估模型(eVAIUEd);④数字资源计量并对国外数字资源主要评价指标体系进行了分析。

服务能力评估:王琼等人在《国外学术图书馆服务能力评价体系研究》一文中对西方图书馆评价活动中针对学术图书馆服务能力的 6 种体系进行了研究,包括 ISO 11620 与 ISO 2789 服务绩效指标体系、IFLA 的学术图书馆绩效评价指标、EQUINOX 项目及电子服务绩效评价指标体系、ARL E－Metrics 项目及电子资源服务评价指标体系、SERVQUAL 服务质量评价体系以及大学图书馆合作服务品质先导计划 LibQUAL＋等,系统分析了评价体系的发展脉络,认为在确定合理的评估标准、量化方法和严格的评估原则的同时,对评估结果进行科学分析。

新技术应用评估:张新兴在《国外图书馆网络统计与绩效评估进展》中介绍了图书馆网络统计与绩效评估组织/项目,图书馆网络要素模型、受众模型、技术基础结构模型等网络统计与绩效评估模型,图书馆网络统计指标体系,图书馆网络服务绩效评估指标体系等。詹华清等人撰文介绍了国外信息共享空间评价研究与实践、信息共享空间(Information Commons,简称 IC)的基本概念及国外 IC 评价活动,论述了 IC 评价基本问题、IC 规划评价研究与实践及 IC 绩效评价、IC 成效评价等 IC 运行评价研究与实践。

6.3 图书馆绩效评估指标体系研究

图书馆绩效评估是一个长期的系统工程,科学合理的评估指标体系的构建是其中最重要的一环。国内图书馆学者试图用不同的研究方法构建各类型图书馆绩效评估体系。

袁明英从对高校图书馆功能及作用的科学认识出发,提出了高校图书馆绩效评估的 9 类 39 个指标,并采用功效函数法初步建立起了高校图书馆绩效评估方法体系。

涂以平通过对基于知识管理的图书馆绩效指标影响因素的分析,从知识资源结构、组织结构、知识管理系统、用户满意度、图书馆形象、员工竞争力几个方面构建了基于知识管理的图书馆绩效评估指标体系。

此外,还有很多研究者根据图书馆绩效评估的对象来构建指标体系,如谢薇等运用平衡计分卡理论明确了我国高校图书馆中层管理人员绩效评估体系的关键结果领域和关键绩效指标,构造了基于 ISO 11620 的图书馆中层管理人员绩效评估指标体系,分析了应用层次分析法(AHP)确定评估指标权重的方法,为图书馆绩效评估体系的构建提供了可借鉴的方案。

杨丽娟在《图书馆信息服务绩效评价指标体系研究》一文中,应用六西格玛管理理念,从图书馆信息服务整体绩效、团队绩效和馆员绩效等方面,构建图书馆信息服务绩效评估指标体系。

徐芳等人在参考国内外图书馆服务绩效评估的重要标准和指导方针的基础上,从服务装备、服务方式、服务范围、服务态度4个维度设置了20个量化指标,构建了公共图书馆服务绩效评估体系。

6.4 图书馆绩效评估方法和模型研究

科学选择评估方法、构建评估模型、对指标数值进行计算是图书馆绩效评估的关键环节,是确保图书馆绩效评估纵向深入发展、得出准确评估结论的重要前提。

国内图书馆绩效评估方法主要有模糊评价法、层次分析法、数据包络分析法(DEA)、平衡记分卡分析法(BSC)。

1. 方法与模型

(1) 模糊评价法。模糊评价法主要包括模糊理论、模糊聚类分析、模糊综合评价、模糊层次分析等不同的研究方法,不同的研究方法具有不同的应用模型。刘露针对影响图书馆服务质量的多重因素具有模糊性、非确定性及时变性的特点,引入图书馆服务质量四大指标,并确定其权重,将建立的评估图书馆服务质量的模糊综合评判数学模型应用于实践。曹作华在分析图书馆信息资源总体服务效益影响因素的基础上,利用模糊数学对不确定性问题的有效处理方法及层次分析法定性与定量相结合的科学决策思想,构建了图书馆信息资源服务效益的多层次模糊综合评价体系。高雯雯、赵争光、杜湘等人,利用模糊评价法测评图书馆读者满意度。杨志和从我国数字图书馆的实际状况出发,对目前数字图书馆发展水平及相关问题进行定性与定量分析,建立了量化评价指标体系,结合模糊数学的相关知识设计了算法,对当前的数字图书馆总体发展水平进行综合的评估,为未来我国的数字图书馆建设提供有力的改进依据。赵丽梅等人分析了数字图书馆绩效及其评价指标,遵循科学性、系统性、层次性、可比性、可操作性原则,设立了共有一级指标4个、二级指标13个和三级指标18个的数字图书馆绩效评估指标体系,并根据指标体系的内容和结构建立了递阶层次结构,给出了数字图书馆绩效的模糊层次综合评价法。李丽华通过对高校图书馆虚拟馆藏现状特点的分析,从数据库内容、检索系统与功能、使用情况、成本、出版商服务等五个方面构建了图书馆虚拟馆藏质量评价指标体系,运用层次分析法确定指标权重,构建综合评判模型,并通过实例进行模型应用分析,全面而系统地研究了层次分析法在图书馆虚拟馆藏评价中的应用。吴育芳鉴于高校图书馆电子资源服务的复杂性、模糊性特点,在其文章中采用模糊综合评价法构建了高校图书馆电子资源服务的综合评判模型。郝桂荣、蒋知义、盘美英、隋佳、刘建国等人利用模糊综合评价法、模糊聚类分析方法、模糊决策法构建了图书馆人力资源、资源建设、绩效评估等绩效评估体系及其模型。

吕顺利采用模糊综合评价方法构建了一套图书馆知识服务水平评价的指标体系,应用模糊数学中综合评价方法,对图书馆知识服务水平进行综合评价,并运用"最大隶属度"原则,评价出图书馆知识服务水平。邓湘琳采用调查问卷与数学定量研究相结合的处理方法,用模糊综合评价法评价图书馆知识管理绩效。通过图书馆知识管理绩效评估的实证分析,证明了评价指标的科学性、合理性以及切实可行性。赵良英进一步界定了复合图书馆的特征及馆藏的特点,根据其特点确定了复合图书馆资源评价指标构建的原则;在分析影响复合图书馆馆藏及利用影响因素的基础上,建立了基于多层次模糊综合评价模型的复合图书馆资源评价的指标体系,并把专家调查法与层次分析法相结合确定了各项指标对总目标的权重值。

(2)层次分析法。层次分析法是一种综合定性和定量分析、模拟人的决策思维过程、解决多因素复杂系统特别是难以用定量描述的系统的分析方法,它把人的思维过程层次化、数量化,并用数学手段为分析、决策提供定量的依据。赵良英、任仙姬、康立军、赵万章、穆靖、刘毅、郭明明、朱若松等多位国内图书馆学者利用层次分析法构建图书馆服务质量、文献资源绩效等评价指标体系及评价模型。陈继红分析了藏书结构的层次分析模型、构造到断矩阵、层次单排序及其一致性检验、层次总排序及其一致性检验,用层次分析法探讨高校图书馆的藏书结构。朱若松采用层次分析法,探讨高校图书馆的藏书结构,藏书结构合理与否决定其能否正常发挥教育职能与情报职能。结果表明采用层次分析法研究藏书结构,为合理决策提供了科学依据。丁辉鉴于高校图书馆文献信息资源配置必须统筹不同学科需求,兼顾各种类型资源特点等错综复杂的问题,提出使用层次分析法这一定性和定量分析相结合的配置方法,描述了层次分析法应用于高校图书馆文献信息资源优化配置的具体步骤。在指出应用中普遍存在突出问题的基础上,进一步提出了针对性的解决方案。安月英在对国内外文献进行调研和河南省高校图书馆调查的基础上,依据层次分析法构建了数字馆藏评价指标体系,为数字馆藏评价提供了一个基于层次分析法的评价模型。康立军从分析学科馆员服务质量的评价指标入手,运用层次分析法,建立了包括服务环境、资源保障、人员素质、服务特征、服务能力、人员管理、服务效果7个方面、28个二级评价指标的高校图书馆学科馆员服务质量评价指标体系,并对各评价指标的含义进行分析,根据层次分析法确定了各评价指标的权重,最后通过实例对评价指标体系进行验证。羊照生从文献资源保障体系建设、服务内容建设、服务设施建设和服务效果四个方面,采用层次分析法及其计算软件 yaahp 构建出图书馆文献传递服务评价体系。

(3)平衡计分卡分析法。平衡计分卡是将组织的战略落实为可操作的衡量指标和目标值的一种新型绩效管理体系。刘莉、马勇、王秀琴、李琛、孙琼、武立新等人将平衡计分卡理论应用于图书馆整体绩效评估,构建图书馆绩效评估模型。如马勇从"愿景、使命和战略""读者服务""投入产出""内部业务流程"和"员工学习与成长"五个方面构建高校图书馆的绩效评价体系。王秀琴从学习与发展、内部流程、经济性与有效性、读者满意度等四个维度评价图书馆整体及各个部门的业绩。武立新利用平衡计分卡理论,以综合绩效评估为基础,构建研究型大学图书馆绩效综合评估框架,同时给出了利用模糊层次评价的基本过程。孙琼则以省级图书馆的绩效评估为例，应用平衡计分卡构建了我国公共图书馆绩效评估体系，设计了包含财务、顾客、内部流程、学习发展四个维度的公共图书馆绩效评估体系。宋琳琳、郑建明等人利用平衡记分卡理论研究了数字环境下的图书馆评估。宋琳琳从评价维度的操作化、评价指标的选取原则与来源、评价指标体系的检验、具体测量目标的设置和评价结果的利用等方面建立了数字环境下图书馆管理评价的评价模型与评价指标体系。郑建明从财务、客户、内部运营流程、学习与成长4个角度建立了基于平衡计分卡的数字图书馆评价指标体系，并结合头脑风暴法与层次分析法来确立各指标的权重。刘小花、詹庆东等对平衡计分卡在数字参考咨询服务评估中的应用进行了研究，分别从财务层面、读者层面、内部流程以及学习成长层面设计高校图书馆数字参考咨询服务评估体系。徐恺英、李英杰、马克强则对平衡计分卡在学科馆员服务绩效评估中的应用进行研究，根据平衡计分卡的核心思想，提出适用于高校图书馆学科馆员服务的绩效评估方法。朱雷等人利用平衡计分卡理论对高校信息共享空间绩效评估模型及指标权重分配进行了研究，根据平衡计分卡的理论，针对高校图书馆的实际情况构建信息共享空间绩效评估指标体系模型，并应用专家调查法和层次分析法对各指标权重进行确定和分配，从而形成一套完善的信息共享空间绩效评估指标体系。

（4）数据包络方法（DEA）。DEA方法在国内应用于图书馆效率评价的时间较晚，1992年，白首晏才首次将DEA方法应用于高校图书馆效率评价。之后，张黎、吴育华、杨顺元、吴利萍、范红霞、刘泽隆和李建霞都尝试用DEA方法对国内高校图书馆的效率进行评价和分析。在这些研究中，白首晏选取了辽宁省20所中等规模的高校图书馆作为评价对象，测算了各图书馆的技术效率和规模效率，评价了它们的利用率。张黎以西南大学北区图书馆为例，对高校图书馆的效率评价模型进行了思考和研究，并在此基础上对西南大学北区图书馆2002—2005年各年的投入产出效率作出了评价。吴育华、杨顺元、吴利萍、范红霞和刘泽隆都以12家同等规模高校的图书馆作为样本，选用不同的投入产出指标对其进行了效率评价。李建霞以"211工程"的50所大学图书馆为研究对象，得出了各高校投入规模与资源利用率的不同，规模效率、技术效率和拥挤程度有显著差别从而造成了高校图书馆服务绩效方面存在差异这一结论。除了高校图书馆，国内学者将DEA方法应用于公共图书馆的研究较少，李建霞对我国31个省域公共图书馆2004年的绩效进行了测算与分析，分析评价了各省域图书馆投入与产出的技术效率、规模效率、拥挤程度和纯技术效率等情况。

2. 应用研究

朱远春、杨海玲、杨志和、韩毅、曹作华等人利用模糊评价方法评估图书馆服务质量及其服务水平并进行了实证研究。朱远春以美国图书馆学会开展的LibQUAL+™的评价思路为蓝本，从图书馆整体环境、信息获取、服务影响和自我应用4个方面构建了图书馆服务质量评价体系，并以四川农业大学图书馆为实证对象，运用层次分析法确定各个指标的权重后对图书馆服务质量进行了模糊综合评价分析；李海涛等人在《图书馆服务质量评价分析——AHP、模糊综合评价法的应用》一文中，在给定结构模型的基础上采用层次分析法确定了图书馆服务质量评价指标的权重，然后建立模糊综合评价模型，并针对西北工业大学和西安交通大学图书馆的服务质量进行了综合评判。韩毅等人基于当前图书馆服务质量研究的成果，用AHP法分析影响图书馆服务质量各因素的相对权重测试结果表明,影响图书馆服务质量的最重要因素是:图书馆所拥有或控制的信息资源、图书馆的人力资源和图书馆的基础设施。以西南大学为例,运用模糊评价法测定了该校图书馆服务质量,从定量角度提供了服务质量的测定方法,有利于图书馆了解服务质量的水平和不同图书馆间服务质量的对比。赵争光、杜湘分别以安徽农业大学图书馆、昆明冶金高等专科学校图书馆进行实证研究,建立了图书馆信息满意度评估指标体系和图书馆用户满意度评估指标模型。王琼、吴天吉以武汉工程大学图书馆、华中农业大学图书馆为例,基于模糊决策方法,采用定性和定量相结合的综合评价方法,构建了电子资源定量综合评价模型,同时对电子资源的指标体系和评价方法进行了探讨。

还有学者研究了标杆分析法、360°反馈、因子分析法等在图书馆绩效评估中的应用以及图书馆人力资源、数字资源绩效评价方法和评价模型的构建。在以后的章节中,我们将分别介绍不同的方法在图书馆绩效评估中的应用。

6.5 图书馆联盟的绩效评估研究

图书馆联盟是为实现资源共享、利益互惠目的而联合起来的、受共同认可的协议和合同制约的图书馆联合体。从世界各国的图书馆联盟来看,无论何种模式的联盟,前期注入及持续的经费支持都是一个不小的投入。图书馆联盟绩效评估体系是由绩效目标体系设计、绩效评估指标体系设计、联盟业务运作、绩效评估、反馈等所组成的行为系统。

谢春枝、燕今伟认为现阶段迫切需要建立适合我国国情的联盟评估策略和评估指标体系,以促进国内图书馆联盟的良性发展,促进社会信息化水平的提高。

常红分析了该系统的各组成要素,构建了图书馆联盟绩效评估指标体系,并在模糊综合评判模型的基础上建立了图书馆联盟盟员绩效评估的数学模型。他认为图书馆联盟绩效评估体系是由绩效目标体系设计、绩效评估指标体系设计、联盟业务运作、绩效评估、反馈等所组成的行为系统,并分析了该系统的各组成要素,构建了图书馆联盟绩效评估指标体系。

徐晓琳在她的文章中充分论述了图书馆联盟绩效评估指标体系建立的科学性和现实性相统一的原则、全面性和可操作性相统一的原则、层次性和独立性相统一的原则、规范性和创新性相统一的原则、水平与潜力相结合的原则、定性指标和定量指标相结合的原则、时效性和累积性相结合的原则;认为图书馆联盟运作绩效评估指标体系的构成元素包括战略整合力、组织协调能力、服务控制能力、敏捷性、用户满意度以及确定图书馆联盟绩效评估指标的方法,提出了一套图书馆联盟运作绩效评估指标体系。

刘雅琼、张松颂的《图书馆联盟的绩效评估指标体系研究》,罗芳的《公共图书馆联盟绩效评估指标体系研究》等,分别运用不同的方法构建图书馆联盟的绩效评估指标体系。范亚芳、土传卫在《我国图书馆联盟绩效评估要素研究》一文中在分析我国图书馆联盟绩效影响因素的基础上,构建了我国图书馆联盟的绩效评估指标。

6.6 图书馆读者满意度评估

读者满意度评估是借鉴西方学者顾客满意度理论,研究图书馆读者满意程度的一种评价方法。最初,有学者将图书馆读者满意度定义为"图书馆读者服务工作满足读者利用图书馆的期望,包括读者对服务人员素质和服务水平的满足,对服务效果的认可"。赵争光、杜湘分别以安徽农业大学图书馆、昆明冶金高等专科学校图书馆进行实证研究,建立了图书馆信息满意度评估指标体系和图书馆用户满意度评估指标模型。

6.7 图书馆人力资源绩效评估研究

图书馆人力资源绩效评估是指图书馆依照预先确定的标准和一定的考核程序,运用各种科学的定性和定量方法,对馆员行为的实际效果及其对图书馆的贡献、价值进行有组织的并且是尽可能客观的考核和评价的过程。人力资源绩效评估作为人力资源管理的一个重要组成部分,在人力资源管理中处于牵一发而制全身的核心地位,起到了控制人力资源管理过程的作用。

李芳瑜、刘芹分析了公共图书馆人力资源绩效考核的特殊性,提出公共图书馆进行人力资源绩效考核时必须坚持以人为本、指标设置的层次性与差异性、定性考核与定量考核相结合、领导考核与民主测评相结合的4个原则,指出目前我国公共图书馆人力资源绩效考核主要存在考核指标不具体、考核规章得不到有效遵守、平时考核无法发挥作用等问题并提出了相应的对策。

庄雷分析了图书馆人力资源绩效考核过程中的难点主要是定量的尺度把握、个体与群体的责任划分、投诉的调查与核实以及导读咨询质量界定等,他认为考核的目的在于使每位馆员充分了解本部门的工作目标、任务及方针,更好地理解做好本职工作的原由,从绩效考核的过程和结果中看出存在的问题,不断改进工作。

慎金花、宋小建以同济大学图书馆为例,研究了高校图书馆绩效考核制度中的考核目标、考核依据、考核办法、考核结果,认为图书馆员工绩效考核不是一个简单的过程,必须把员工看作组织存在的基础,真正做到以人为本,提出考核内容不宜过细,要充分信任业务部门负责人的公信力和执行力,尽量采取正激励,对知识型服务需研究出更加切实可行的考核手段并不断推出新的激励措施等。

6.8 数字图书馆和图书馆数字资源绩效评估研究

刘文梅、唐淑娟以"211工程"高校数字图书馆为研究对象,以问卷调查的方式对已有的数字图书馆绩效评估的22个指标在我国的适用性进行了调查和分析。认为22个指标中的大多数指标已经或正在被较为普遍地使用,基本上适用于我国高校数字图书馆绩效评估。

索传军从数字馆藏建设、数字资源存储与服务设备、数字资源管理、服务人员和读者四方面分析了影响数字馆藏利用的因素,提出可以采取定量测量和综合评价两种方法来评价数字馆藏利用绩效,并从加快流动性的角度提出了提高数字馆藏利用绩效的3点策略。张秀云在用户满意度理论基础上从电子资源现状、网络平台现状、相关培训、服务沟通渠道、用户满意度等几个方面设计了图书馆电子资源绩效评价的15个指标。

6.9　图书馆文献资源绩效评估

图书馆文献资源建设是图书馆业务工作的一个重要环节,文献资源的利用绩效是图书馆管理水平的一个重要标志。

杨海玲采用模糊综合评价,对评价指标权重进行设置,建立模糊综合评价集,建立评价模型对指标权重集与模糊评价矩阵进行合成运算,从而评价一个图书馆的文献资源建设水平。陈继红、朱岩松等人则用层次分析法分析了传统图书馆的馆藏结构绩效。

丁辉、陈心蓉在《基于AHP的高校图书馆文献资源优化配置》一文中,利用层次分析法,提出对图书馆文献资源进行优化配置的4个步骤:建立层次结构模型、构造判断矩阵、层次单排序及一致性检验、层次总排序,并指出了应用中的突出问题及其解决方案。

于晗等人在《基于复合图书馆的资源建设评价体系》一文中,分析了复合图书馆资源建设的关键影响因子,确立了由15个指标、38个子指标构成的复合图书馆资源建设的评价指标体系,其内容分为5个项目,即资源的保障、资源的质量、资源的利用、各载体的互补状况和价值判断(利用与效益),并以此建立了层次分析评价模型和评价指数表,从定性和定量两个角度评价复合图书馆资源建设。

6.10　图书馆业务工作绩效评估研究

图书馆开展信息咨询的效益主要体现在经济效益和社会效益两个方面。胡晓、周竞赛从图书馆信息咨询效益的概念出发,阐述了图书馆引入信息咨询业务绩效评估的必要性,详细介绍了图书馆信息咨询业务绩效评估前瞻性与科学性相结合、整体性与层次性相结合、定性与定量相结合、短期稳定与长期动态相结合、目标与过程相结合、客观全面、实用可操作等6项原则以及任务评估法、项目评估法、综合评估法、咨询者满意程度评估法等4种评估方法。

涂颖哲从绩效技术的角度深入剖析了影响高校图书馆用户信息素质教学效果的因素,分析了信息素质教育的期望绩效以及现状,提出了时间、方式、层次三向量相结合的绩效设计,从突出效益和系统的价值出发,阐述了高绩效的信息素质教学方式,并简述了对信息素质教学进行的由个体到社会的5个不同层次的绩效评估。

赵晓虹对《国家图书馆绩效评估体系》中文献采选评估指标的设计原则、指标结构、立项思路、指标特点等进行了介绍和分析。王坚毅、刘正春从4个方面确立了高校图书馆数字资源采访绩效评价的24个指标。

李明珍等人采用层次分析法对中文图书采购招标评价指标体系权重进行设置,利用该方法针对事先确定的评价指标,通过对12名从事中文图书采购工作均在3年以上的专家进行问卷调查,计算出各评价指标的权重。

蔡迎春针对高校图书馆馆藏文献存在的结构不合理的现状,在国内外相关实践与研究的基础上,提出基于层次分析法,以馆藏图书学科出版比例、各学科读者人数、学科专业结构、馆藏学科图书入藏及利用情况等为相关因素的学科图书采购模型构建思路,并以上海师范大学图书馆为例,佐证其构建思路的科学性和可操作性,可以此调整各学科藏书的比例,为不同学科图书进行有效补充提供一定的客观依据。赵万章等人针对大学图书馆文本资源建设所面临的诸多问题,采用层次分析法(AHP)建模,通过构造成对比较矩阵、权向量求解和一致性检验,解决了文本图书采购方案的综合评价问题,对处理专业文献资源的结构偏差及有效提高资本利用率提出了新的方法和途径。

6.11 图书馆服务绩效评估研究

服务绩效评估是考核图书馆员、信息资源评价的重要工具。杨广锋、陈朝晖认为图书馆服务绩效产生于实际工作过程之中,是人们实践活动的客观成效,应当体现投入与产出的对比关系并有一定的可度量性。他们认为图书馆服务绩效评估是建立在服务行为基础之上的一种定量测评,属于对服务的总结性、鉴定性评价,主体是图书馆,并提出了图书馆服务绩效评估的指标和模型。

王宏鑫指出图书馆网络信息服务绩效评估包括网络信息服务系统建设绩效评估、网络信息、资源建设绩效评估以及用户感知服务绩效评估等方面。图书馆网络信息服务绩效评估涉及的因素较多,应当采用层次分析法,根据实际情况,构建指标体系,建立评价模型,使用定性分析、定量评价相结合的方法进行评估。

覃凤兰论述了基于知识管理的高校图书馆个性化服务绩效评估的意义,分析了SERVQUAL、LibQUAL+及ISO11620评价方法指标,探讨了高校图书馆个性化服务绩效5个评价指标体系。李晓明、马涛介绍了国家图书馆读者服务工作绩效评估体系指标的制定情况。此外,还有学者撰文对中学图书馆服务工作以及大学图书馆阅览服务的绩效评估进行研究。

后面的几章,将分别从读者满意度、服务质量、文献资源、数字馆藏以及图书馆联盟、人力资源、馆际互借与文献传递、参考咨询等不同侧面探讨绩效评估的指标构建、方法模型及应用实践。

第七章 图书馆读者满意度评估

7.1 图书馆读者满意度概述

7.1.1 读者满意度的定义

读者满意度是指读者认为图书馆的服务质量(水平)已经达到或超过他们预期的一种感受。理解这个定义的关键词是感受。读者满意在读者的心里,它可以和实际情况相符,也可以不和实际情况相符。读者满意度是用来测定读者对图书馆服务质量(水平)满意程度的指标,它的主要依据是读者在接受图书馆的服务后产生的其对服务质量的评估数据,并以此来反映读者对图书馆服务的满意程度。它可用如下公式表述:

读者满意度(Y)=感知服务质量(N)/预期服务质量(M)。

预期服务质量是读者在接受图书馆服务之前对信息产品和服务质量的总体期望和想象。通常,预期服务质量是由读者过去的使用经验和其他信息来决定的。感知服务质量则是读者在接受图书馆服务之后对信息产品和服务质量的总体评价和感受。它包括对信息产品和服务特色、功能质量作出的主观评判,很可能与图书馆的服务水平不相吻合。预期服务质量图如图7-1所示。

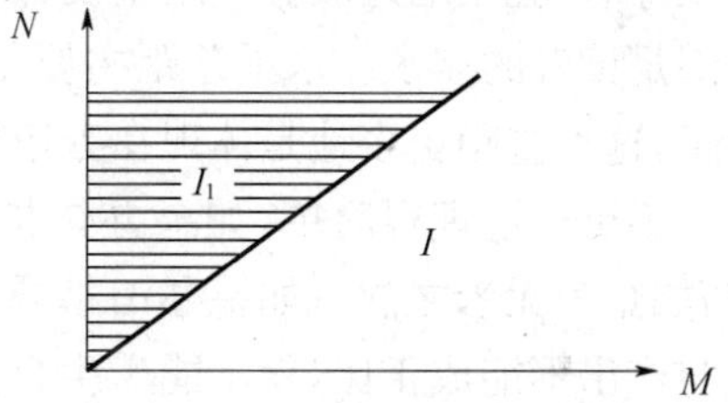

图7-1 预期服务质量图

从图7-1可以看出,如果信息产品和服务的感知质量(N)等于读者的预期服务质量(M),即点(M,N)在图中直线上,就是$Y=1$时,读者感到满意。如果信息产品和服务的感知质量(N)大于读者的预期服务质量(M),即点(M,N)在图中区域I_1内,就是$Y>1$时,读者感到欣喜,从而激发读者的热情,使图书馆的社会价值得以充分发挥。如果信息产品和服务的感知质量(N)小于读者的预期服务质量(M),即点(M,N)在图中区域I内,就是$Y<1$时,读者感到不满意。不满意就可能引发抱怨,图书馆如果不能及时地处理,则可能导致读者大量流失,使图书馆的功能不能正常发挥,影响图书馆的社会形象。可见,读者满意度对图书馆的发展至关重要。图书馆应千方百计使其信息产品和服务在本质上完美,功能上满足读者明确和隐含的需求。在预期服务质量不变的情况下,尽量提高感知服务质量;当感知服务质量没有增加时,不可盲目提高预期服务质量,应尽可能维持较高的读者满意度。

开展读者满意度的调查,发现、了解和关注读者的各种需要,针对读者要求提供最大限度的服务,是提高图书馆读者服务工作质量最有效的方法。开展读者满意度的调查有利于确定图书馆服务工作急需改进的领域和未来的发展方向和重心,为图书馆服务工作未来发展的决策提供依据,如图7-2所示。

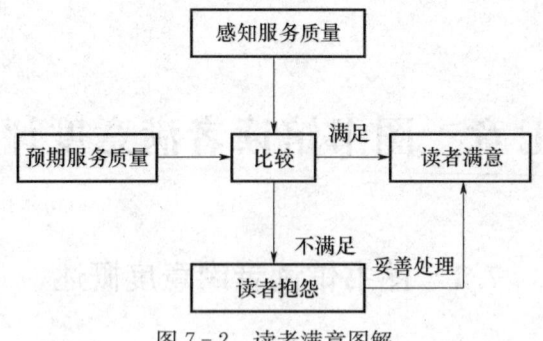

图 7-2 读者满意图解

7.1.2 读者满意度的实质

读者满意度是客观评价图书馆当前服务质量的一种指标体系,是对图书馆当前服务状况来自读者方面的一种评价,将这种评价经过一定的方法处理后,把单个读者的客观评价进行汇总,其汇总的结果就形成了读者满意度。读者的这种评价,其实质就是读者对图书馆服务质量的期望值和实际经历之间的总体差距,这种差距主要体现在服务差距、水平差距、环境差距和需求差距几个方面。服务差距主要体现在图书馆的服务质量和服务时间上,缩短服务差距主要靠馆员队伍整体素质不断提高,服务时间能最大限度地满足读者的需求。水平差距主要是指每个图书馆目前自身办馆水平与读者水平间的差距,这种差距更多地是体现在办馆指导思想以及经费投入方面,要缩短水平差距,二者缺一不可。道理很简单,如果办馆指导思想再正确,经费投入与实际需要相去甚远,则"巧妇难为无米之炊";如果办馆指导思想不正确,则经费投入得越多,浪费得就越多,投入与产出不能成正比,就不能产生良好的经济效益和社会效益,办馆水平的提高也就无从谈起。环境差距如果狭隘地去理解,应该是指每个图书馆能够提供的阅读环境与读者实际要求的环境间的差距,但如果更深入一层去理解,这个环境应还有大环境与小环境之分、硬环境与软环境之分。大环境是指与图书馆相关的外部环境,如公共馆的交通是否便利,周边环境是否安静等;小环境当然就是图书馆的内部环境了,诸如馆内布局是否合理,各种必备设施是否齐全等。硬环境指的是图书馆的硬件设施情况,包括馆舍、经费、设备等客观服务条件;软环境是指除硬件设施外的相关办馆因素,包括馆员队伍整体素质水平,读者整体素质水平(如果读者中有相当部分的人素质低,势必要影响到其他读者对图书馆的满意度),部门之间团结协作精神等非物质的因素。需求差距是指图书馆能够提供的信息产品和服务与读者实际需求之间存在的差距,这种差距主要表现在两个方面:①图书馆在总需求上不能满足读者的需要,读者人均占有各种信息载体量极少;②图书馆提供的信息产品和服务不符合读者的实际需求。

7.1.3 读者满意度的特点

读者满意度是以信息产品或服务等满足读者(用户)需求的程度来衡量图书馆工作优劣,读者满意度主要是来自读者的感受,即读者的感觉状况水平。这种水平是读者对图书馆的信息产品和服务所预期的绩效和读者期望的比较结果,如果所预期的绩效不及期望,读者就不满意;如果所预期的绩效与期望相称,读者就满意;如果所预期的绩效超过期望,读者就十分满意。它是以读者为中心来研究和评价图书馆工作的崭新指标,与传统的图书馆评价指标相比,有以下几个突出的特点。

(1) 全面性。读者满意度是根据读者对图书馆所提供的服务满意程度来度量图书馆服务工作质量的,它既可以是有形的信息产品,也可以是无形的服务。虽然读者的服务需求有着千差万别,各种类型的服务需求也具有不同的特性和特征,但从读者角度来评价,都可以反映为一般意义上的满意程度。读者满意度的这种特性,使得该指标不仅可以度量图书馆每个部门、每项服务、每个信息产品的具体质量,还可以将图书馆内部各微观满意度指标加以综合,构成全面反映图书馆整体工作质量的综合指标。

(2) 可比性。读者满意度反映的是读者对信息产品和服务的满意程度,这种满意程度具有很强的可比性,可以多角度地比较。不同时期对比,用以反映工作质量状况的变动趋势,进行工作质量动态预测;不同地区对比,借以反映不同区域、不同国家的质量差异;不同类型对比,从中可以了解到不同类型图书馆存在的差异,取长补短。

(3) 准确性。读者满意度是从图书馆外部反映工作质量的,读者是质量的评价者。由于读者是信息产品和服务的最终使用者,产品和服务的最终目的就是满足读者需求,因而,从读者角度评价工作质量,能够保证评价的客观准确性,避免了单项指标评价工作质量时,可能产生脱离实际需求的现象。读者满意度是由信息产品和服务满足读者需求程度决定的,这样,就把质量同满足读者需求这两个图书馆的根本目的直接结合起来,有利于建立以需求为中心的服务质量改进体系,使图书馆的服务工作能够更有效地满足读者需求。

(4) 层次性。处于不同层次阅读需求的读者对信息产品和图书馆服务的评价标准不同,因而不同地区、不同阶层的读者或同一个读者在不同条件下对某个图书馆、某个信息产品或某项服务的评价可能不尽相同。

(5) 阶段性。任何信息产品都具有寿命周期,服务也有时间性。读者对信息产品和服务的满意程度来自于过去的使用体验,是在过去多次使用图书馆的信息产品和享受的服务中逐渐形成的,因而呈现出阶段性。

7.1.4 读者的容忍度

对构成读者满意度的每一个因素,读者都有一个忍耐限度,这与读者需求的重要性可能相关也可能不相关。通常情况下,读者的容忍度(总体)一般不会达到极限,它会在一定的范围内上下波动,这种波动直接影响着读者满意度的升降。读者满意度指数在理论上可能趋向于零,但在实际中应该是在零以上波动。但读者的容忍度一旦达到极限,对读者满意度的影响就是致命的。例如,随着数字馆藏资源的日渐丰富,读者对于馆藏资源的获取越来越依赖于图书馆的信息基础设施和数字化程度,如果因为基础设施薄弱导致读者资源获取障碍,忍耐达到极限,便产生了对图书馆的失望情绪,这种情绪势必要影响到其对图书馆的客观评价。因此,图书馆在努力提高读者满意度的同时,必须要对影响读者满意度的每一个因素进行读者容忍度的调查研究,有针对性地采取措施,将那些读者容忍度正在恶化的因素加以扭转。只有这样,才能保证图书馆的读者满意度不断提高,不至于在此方面出现"功亏一篑"的局面。

7.2 读者满意度指标范畴

读者满意度测量就是要测知读者如何判断图书馆作为一个信息资源提供者的表现,而这种表现应该是全方位的,这样才能反映出读者满意度的真实性和全面性。读者满意度指标在设计时应包括以下范畴:

(1) 硬件设施——物质设备、设施及馆员仪表。
(2) 可靠性——可靠而准确地完成承诺服务的能力。
(3) 责任心——愿意帮助读者并提供快捷的服务。
(4) 保证——馆员的知识、礼貌及其引发读者信任和信心的能力。
(5) 同情心——设身处地为读者提供周到、个性化的服务。

7.3 构建读者满意度指标的原则和流程

(1) 系统性原则。图书馆作为一个系统是由各部分和要素组成的,这些组成部分和要素是相互影响和相互制约的,因此一个要素的变化必然促使其他要素也随之发生变化。读者满意度指标应能充分反映影响读者满意的主要因素以及不同层次之间要素的内在联系,既要进行单要素分析,又要进行多要素综合评价,以反映读者满意的整体状况。

(2) 可操作性原则。读者满意度指标本身的特性就在于可以持续改进图书馆信息产品和服务的质量,有很强的可操作性。因此在设计指标体系时,应以可操作、可改进为原则,侧重于通过努力能够改善的指标,避免设置空泛过大的、短时间无法改进的指标。

(3) 建立读者意见反馈机制。读者是否满意是衡量图书馆服务水平和服务能力的重要标准。图书馆应建立读者意见反馈制度,将对读者意见的收集贯穿于图书馆的每一项工作和服务中。读者意见反馈流程图如图 7-3 所示。

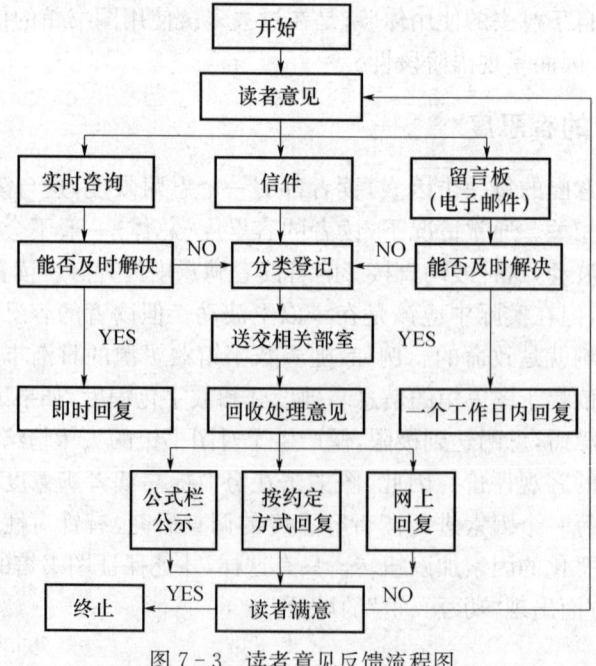

图 7-3 读者意见反馈流程图

(4) 构建读者满意度指标。根据读者满意度指标的定义、范畴及构建原则等,读者满意度指标的构建流程如图7-4所示。

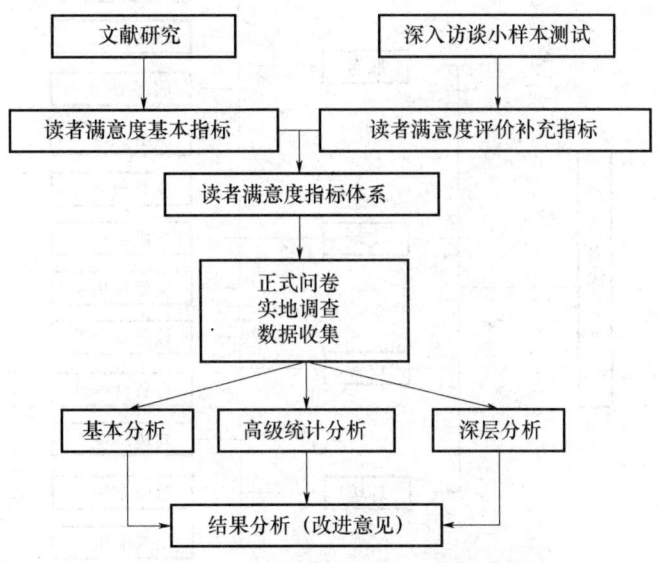

图7-4 读者满意度指标的构建流程图

通过图7-4可知:①通过定性研究找出影响读者满意与否的关键性因素及读者对图书馆的基本要求及期望要求。②将构成读者满意与否的众多因素转化为可测量的评价体系。③根据确定后的评价指标设计问卷并进行最终的正式调查。④对获取的信息进行统计分析。⑤根据分析结果指出图书馆的主要优势和劣势,提出可操作的改进措施。

7.4 图书馆读者满意度评估实践

读者满意度评估是借鉴西方学者顾客满意度理论,研究图书馆读者满意程度的一种评价方法。国内图书馆关于读者满意度的测评,主要采取模糊评价法、层次分析法等不同的研究方法,构建评估指标和评估模型。如高雯雯、孙成江等人基于多层次模糊评价的读者满意度评价模型,常亚平等人基于因子分析的图书馆读者满意度评价及复旦大学的读者满意度问卷调查表的设计等。

下面介绍国内图书馆部分学者关于图书馆读者满意度的研究方法及指标体系的构建与评估模型。

7.4.1 基于模糊评价的读者满意度评价

高雯雯、孙成江在《基于多层次模糊评价模型的图书馆读者满意度评价研究》一文中,关于建立图书馆读者满意度评估模型的步骤如下:

第一步:建立图书馆满意度评估指标体系。文中设计了1个二层次、4个一级指标,12个二级指标的图书馆读者满意度评价指标体系。其中服务、文献、设备、环境为第一层次因素,其余12个因素属于第二层次,分别影响第一层次因素集中的某个因素,如图 7-5 所示。

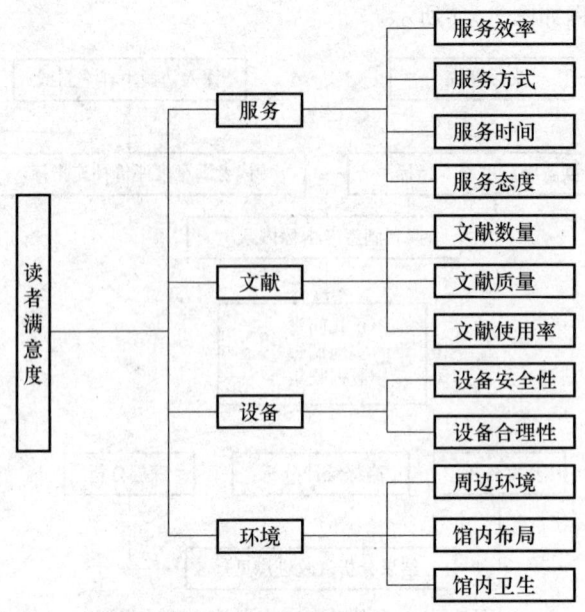

图 7-5 读者满意度评估指标体系

第二步:邀请有关专家给各因素在对应因素集中的重要性打分,利用 Delphi 法可得各因素在对应因素集中的权重系数。

第三步:建立图书馆读者满意度评价集和测量标度向量。在图书馆读者满意度评价中采用 5 级标度法,即 $m=5$,则评价集可取{好,较好,一般,较差,差},这样分数集 $H=[h_1,h_2,h_3,h_4,h_5]=\{100,80,60,40,20\}$。

第四步:选择 10 位专家对第二层次的评价因素进行评价,得出模糊评价集,其中文献使用率、服务时间等定量因素则利用线性隶属函数求出对应的模糊评价集。

第五步:运用 $b_i=a_i\circ R_i$ 进行一级模糊综合评判,求得第一层次各因素的模糊评价集。如因素 μ_1 的模糊综合评价集:

$$b_i=a_i\circ R_i=(0.3,0.2,0.25,0.25)\circ\begin{bmatrix}0.2 & 0.3 & 0.4 & 0.1 & 0\\0.1 & 0.2 & 0.5 & 0.1 & 0.1\\0.1 & 0.2 & 0.4 & 0.2 & 0.1\\0 & 0.2 & 0.4 & 0.3 & 0.1\end{bmatrix}=$$

$(0.105,0.23,0.42,0.175,0.07)$

运用二级模糊综合评判求总体读者满意度的模糊综合评价集。第一层次 4 个因素的模糊综合评价集构成一个模糊综合评判矩阵 R。利用 $B=A\circ R$ 可得该图书馆读者满意度的模糊综合评价集:$B=(0.1375,0.1955,0.3308,0.2097,0.1265)$

第六步:求图书馆读者满意度评价分数。运用 $E=E(B)=B\cdot H$,计算图书馆读者满意度均值,例如服务的读者满意度均值,$E=0.105\times100+0.23\times80+0.42\times60+0.175\times40+0.07\times20=62.5$。类似地可以求出其他各因素及总体读者满意度评价分数,具体值如表 7-1 所列。

表 7-1 模糊测评结果

因素	权重系数	满意度	评价分数
服务	0.3	0.105,0.23,0.42,0.175,0.07	62.5
服务效率	0.3	0.2,0.3,0.4,0.1,0	72
服务方式	0.2	0.1,0.2,0.5,0.1,0.1	62
服务时间	0.25	0.1,0.2,0.4,0.2,0.1	60
服务态度	0.25	0,0.2,0.4,0.3,0.1	54
文献	0.3	0.07,0.13,0.441,0.249,0.11	56.02
文献数量	0.3	0.1,0.3,0.4,0.1,0.1	64
文献质量	0.4	0.1,0.1,0.3,0.3,0.2	52
文献使用率	0.3	0,0,0.67,0.33,0	53.4
设备	0.15	0.15,0.25,0.25,0.15,0.2	60
设备齐全性	0.5	0.1,0.2,0.3,0.2,0.2	56
设备合理性	0.5	0.2,0.3,0.2,0.1,0.2	64
环境	0.25	0.25,0.2,0.14,0.24,0.17	62.4
周边环境	0.3	0.3,0.2,0.1,0.2,0.2	64
馆内布局	0.4	0.1,0.2,0.2,0.3,0.2	54
馆内卫生	0.3	0.4,0.2,0.1,0.2,0.1	72
总体读者满意度	—	0.1375,0.1955,0.3308,0.2097,0.1265	60.156

第七步:对所得结果进行评价分析。从表 7-1 中的数据可看出,第一层次各因素评价分数由高到低依次为:服务 62.5;环境 62.4;设备 60;文献 56.02。说明该图书馆在服务、环境、设备方面还只是处于一般水平,而在文献方面则处于较差水平,因此在图书馆各个方面都须努力改进。而对于第二层次各因素读者满意度评价分数中,文献质量的值最低,为 52 分,说明该图书馆在文献质量方面还存在着较大的不足,可能是影响读者满意度的重要因素,因而提高图书馆的文献质量是该图书馆读者满意度的关键环节。同时,从表 7-1 中还可看出该图书馆的总体读者满意度的评价分数为 60.156,还只是处于一般水平,因此须下大力气进行提高图书馆读者满意度的建设。

7.4.2 基于因子分析的图书馆读者满意度评价

常亚平、侯晓丽、阎俊通过对武汉、北京、广州、南京、西安 5 个城市的 10 所高等院校的抽样调研,对图书馆的各项指标在重要度和满意度两个方面进行了评价分析,并通过因子分析和权重计算,确定出一个客观、可靠、可操作性强的学生满意度评价模型。主要内容如下:

1. 建立测评体系

测评问卷设计以 LibQUAL+的评价体系为基础,通过抽样调研和专家访谈,设计测评问卷,本问卷的测评项目,针对馆内环境、馆员素质、文献资料和服务方式四个方面分别进行了重要度和满意度的调查,采用李克特 7 级量表,从 1~7,程度逐渐增强,观测变量表如表 7-2 所列。

表 7-2 观测变量表

序号	指标	序号	指标	序号	指标	序号	指标	序号	指标
V1	卫生状况	V12	馆舍布局	V23	沟通舒畅	V34	开架量	V45	开馆时间
V2	安静环境	V13	书架布局	V24	回答准确	V35	外借量	V46	检索系统
V3	温湿度	V14	逃生通道	V25	答案广泛	V36	文献更新	V47	检索数量
V4	照明效果	V15	防火设施	V26	超值服务	V37	电子更新	V48	借阅手续
V5	桌椅舒适	V16	着装仪表	V27	归架及时	V38	文献载体	V49	网络速度
V6	座位数量	V17	周到服务	V28	馆藏数量	V39	拒借率	V50	服务补救
V7	家具色彩	V18	主动服务	V29	馆藏质量	V40	文献传递	V51	服务指南
V8	装饰风格	V19	耐心周到	V30	电子数量	V41	文献复制	V52	馆藏目录
V9	学习氛围	V20	待人公平	V31	电子质量	V42	资源导航	V53	查阅指导
V10	卫生间	V21	亲切和蔼	V32	学科面	V43	检索切合	V54	文献宣传
V11	绿化设施	V22	服务及时	V33	针对性	V44	浏览器	V55	借阅资料

测评体系的确立是建立在均值分析和主成分因子分析的基础之上。首先对问卷测量变量的重要度数据进行均值分析。对测量变量的满意度进行主成分因子分析，目的是找出关键的测度变量，以较少的指标来确定学生对图书馆的满意度构成因子。然后进行主成分因子分析，以最大变异法（Varimax）作为正交转轴，剔除因子负荷较小的测量变量，提取出 6 个其累计贡献率较大且相互独立的共同因子。根据各因子所包含的测量变量的内容，将这 6 个因子命名为"服务人员素质""服务便捷度""文献资料质量""室内环境""安全设施"和"整体结构"。各因子的特征值和方差解释量如表 7-3 所列。

表 7-3 各因子特征值和方差解释量

序号	因子	特征值	方差解释量/%	累计方差解释量/%
1	服务人员素质	8.400	15.850	15.850
2	服务便捷度	7.267	13.712	29.562
3	文献资料质量	7.203	13.591	43.153
4	室内环境	4.638	8.751	51.904
5	安全设施	2.124	4.007	55.911
6	整体结构	1.901	3.586	59.497

2. 测评权重的确定

在确定补偿权重时，采用主成分法，即通过对样本数据进行主成分分析，得到各主因子的相应和累计贡献。利用各因子的累计贡献率计算出各因子的补偿权重系数。针对各测量问项进行主成分分析，得出各因子的累计贡献率 I_i。利用公式 $W'_i = \dfrac{I_i}{\sum\limits_{i=1}^{6} I_i}$，可计算出各主因子的补偿权重，结果如表 7-4 所列。

表7-4 各因子的补偿权重

因子	服务人员素质	服务便捷度	文献资料质量	室内环境	安全设施	整体结构
补偿权重	0.266	0.23	0.228	0.147	0.067	0.06

然后根据各测评变量的重要度评分确定出每个测评变量的实际权重系数,并进一步得出各主因子的重要度分值,继而算出主因子的权重。通过计算分别得出6个因子所对应的重要度分值 Z_i 如表7-5所列。

表7-5 各主因子重要度分值

因子	服务人员素质	服务便捷度	文献资料质量	室内环境	安全设施	整体结构
分值	5.72	6	6.16	6.18	5.95	5.63

再次所得的6个重要度分值归一化处理得出6个因子的读者认知权重 W_i''。相应公式如下:

$$W_i'' = \frac{Z_i}{\sum_{i=1}^{n} Z_i}, i = 1, 2, \cdots, n$$

得出的各因子对应的读者认知权重如表7-6所列。

表7-6 各主因子读者认知权重

因子	服务人员素质	服务便捷度	文献资料质量	室内环境	安全设施	整体结构
认知权重	0.16	0.168	0.173	0.173	0.167	0.158

综合权重的计算采用RSR权数法,即补偿权重和认知权重相结合的办法得出。利用公式 $W_i = \frac{W_i' W_i''}{\sum W_i' W_i''}$ 计算得出权重 W_i。计算结果如表7-7所列。

表7-7 各主因子综合权重

因子	服务人员素质	服务便捷度	文献资料质量	室内环境	安全设施	整体结构
综合权重	0.255	0.232	0.237	0.153	0.067	0.057

3. 评估模型的构建

经过以上分析,可以得到高校图书馆的一个基本测评模型,具体指标体系和相应的权重如表7-8所列。

表7-8 高校图书馆学生满意度评价模型

因子	权重	测评变量			
服务人员素质	0.255	服务及时	周到服务	沟通舒畅	待人公平
		亲切和蔼	答案广泛	耐心周到	着装仪表
		主动服务	回答准确	超值服务	归架及时
服务便捷度	0.232	服务指南	馆藏目录	文献宣传	检索切合
		网络速度	服务补救	检索数量	开馆时间
		检索系统	借阅手续	资源导航	—
		查阅指导	浏览器	借阅资料	—

续表

因子	权重	测评变量			
文献资料质量	0.237	电子质量	针对性	文献载体	文献复制
		电子数量	馆藏质量	外借量	学科面
		馆藏数量	文献传递	拒借率	—
		文献更新	电子更新	开架量	—
室内环境	0.153	环境安静	卫生状况	卫生间	桌椅数量
		温湿度	学习氛围	座位数量	照明效果
安全设施	0.067	逃生通道	防火设施	—	—
整体结构	0.057	馆舍布局	书架布局	桌椅舒适	—

7.4.3 读者满意度问卷调查表的设计

读者满意度调查通常以发放读者问卷调查表的形式进行。以下是张敏等人基于LibQUAL+的关于复旦大学图书馆读者满意度调查案例：

1. 调查问卷的主要内容

第一组　图书馆环境和设施

1）图书馆环境舒适，具有文化氛围。

2）图书馆环境便于读者安静学习、思考。

3）图书馆各种指引和标识设置明确、美观。

4）图书馆各种印刷型文献布局合理，易于查找。

5）图书馆提供的相关设备（计算机、复印机、空调、饮水机等）性能良好。

6）通过网络访问图书馆的速度和稳定程度让人满意。

第二组　图书馆服务

7）图书馆的开放时间合理、方便。

8）图书馆的各项利用规则合理，符合大多数读者的需求。

9）在图书馆主页内能够非常方便地找到您所需要的信息。

10）图书馆的馆藏目录系统能够提供全面、准确的馆藏和读者信息。

11）图书馆的各种咨询服务（现场、电话、Email、留言簿、BBS、实时在线咨询）能帮助您解决利用图书馆过程中的问题。

12）图书馆开设的各种培训讲座和文检课程对您有帮助。

13）图书馆的馆际互借与文献传递服务及时、高效。

14）图书馆对您的意见和建议能够及时反馈，并尽力改进。

15）图书馆关注和理解您的个性化需求，并提供令人满意的帮助。

第三组　图书馆资源

16）馆藏印刷型中文图书能够满足您的需求。

17）馆藏印刷型外文图书能够满足您的需求。

18）馆藏印刷型期刊能够满足您的需求。

19) 馆藏电子资源(电子期刊、电子图书、数据库等)能够满足您的需求。
20) 图书馆能够及时向您通报最新的资源信息和服务信息。

第四组　图书馆员

21) 图书馆员接待读者礼貌热情,随时愿意为您提供服务。
22) 图书馆员仪表整齐、行为举止文明得体。
23) 图书馆员能够正确理解您的问题,具备必要的专业知识与技能。

第五组　图书馆综合评价

24) 您对图书馆的综合评价。

以上调查问卷的主要内容共5组24项指标。

2. 调查问卷的分析方法

1) 定量分析

调查采用以下参数表达读者对图书馆服务的满意程度：

(1) 期望中值＝(可接受的最低值＋理想的期望值)/2,期望中值取值为1~9,期望中值越高,说明读者对这项服务的要求越高。

(2) 简单满意度＝实际感受值/理想期望值×100%,简单满意度表征读者对该项服务的实际满意程度,简单满意度越高,说明读者对该项服务越满意。

(3) 相对满意值＝(实际感受值－期望中值)/(理想的期望值－可接受的最低值)。

(4) 关注度。

2) 定性分析

读者的定性评价评测读者对图书馆的综合满意度,提供："满意""比较满意""一般""不满意"四个选项。对读者意见按内容先分为10大类,按每一大类问题的数量进行排序。同时,整理了读者集中反映较多的前15项具体问题。

著者根据本校图书馆的具体情况,从服务、资源、环境、综合评价四个方面,构建了图书馆读者满意度调查表。

安徽建筑大学图书馆读者满意度调查表

读者感受值(0→很不满意、1→不满意、2→不确定、3→满意、4→很满意)

一、服务方面

1. 馆员接待读者礼貌热情,表现出随时提供服务的意愿。
A. 0　　　B. 1　　　C. 2　　　D. 3　　　E. 4

2. 图书馆开馆时间合理、方便。
A. 0　　　B. 1　　　C. 2　　　D. 3　　　E. 4

3. 图书馆或馆员提供的服务准确、可以信任。
A. 0　　　B. 1　　　C. 2　　　D. 3　　　E. 4

4. 馆员仪表整洁,行为举止文明得体。
A. 0　　　B. 1　　　C. 2　　　D. 3　　　E. 4

5. 馆员能够正确理解您的问题,具有必要的知识和技能。
A. 0　　　B. 1　　　C. 2　　　D. 3　　　E. 4

6. 馆员对您个人需求给予关注和理解,并提供令人满意的帮助。
A. 0   B. 1   C. 2   D. 3   E. 4

7. 图书馆开设的文献检索方面的课程及教育培训对您有帮助。
A. 0   B. 1   C. 2   D. 3   E. 4

8. 您对图书馆的工作提出批评和建议时,图书馆及时回复并改进工作。
A. 0   B. 1   C. 2   D. 3   E. 4

9. 图书馆主页简单明了,读者可方便使用。
A. 0   B. 1   C. 2   D. 3   E. 4

10. 读者可以远程(VPN)获取图书馆电子资源。
A. 0   B. 1   C. 2   D. 3   E. 4

二、资源建设方面

11. 中文纸本图书能满足读者需求,更新快。
A. 0   B. 1   C. 2   D. 3   E. 4

12. 中文纸本期刊能满足读者需求,更新快。
A. 0   B. 1   C. 2   D. 3   E. 4

13. 外文纸本图书能满足读者需求,更新快。
A. 0   B. 1   C. 2   D. 3   E. 4

14. 外文纸本期刊能满足读者需求,更新快。
A. 0   B. 1   C. 2   D. 3   E. 4

15. 图书馆中、外文电子资源丰富,更新快,能够满足读者需求。
A. 0   B. 1   C. 2   D. 3   E. 4

16. 图书馆能够满足您在交叉学科学习和研究方面的文献需求。
A. 0   B. 1   C. 2   D. 3   E. 4

17. 图书馆联机目录能够提供全面准确的文献信息。
A. 0   B. 1   C. 2   D. 3   E. 4

18. 图书馆各种资源布局合理、易于查找、对读者有吸引力。
A. 0   B. 1   C. 2   D. 3   E. 4

19. 图书馆及学科资料室资源互补,能满足您的文献需求。
A. 0   B. 1   C. 2   D. 3   E. 4

20. 馆际互借和文献传递服务及时、高效。
A. 0   B. 1   C. 2   D. 3   E. 4

三、环境方面

21. 图书馆环境便于您安静学习、思考。
A. 0   B. 1   C. 2   D. 3   E. 4

22. 图书馆各种指引和标识设置美观、醒目、清楚。
A. 0   B. 1   C. 2   D. 3   E. 4

23. 图书馆环境舒适、整洁、优雅、有文化氛围。
A. 0   B. 1   C. 2   D. 3   E. 4

24. 图书馆桌椅座位舒适、书架布置合理。

A. 0   B. 1   C. 2   D. 3   E. 4
25. 图书馆在饮水、卫生、通风、安全等方面条件适宜。
A. 0   B. 1   C. 2   D. 3   E. 4

四、您对图书馆服务的整体评价、意见和建议

第八章 图书馆服务质量评估

8.1 图书馆服务质量评估研究综述

SERVQUAL 是 20 世纪 80 年代末由市场营销专家帕拉苏拉曼(Parasuraman)等人设计的一种面向顾客的问卷式服务质量评估工具。该工具由 2 个陈述项(Statements)构成,每个陈述项都从特定角度,同时测度着顾客对服务的最低期望水平(minimum service level)、理想水平(desired service level)和感知到的水平(Perceived service level)。三种水平均按 1~9 级的标准测度,1 表示最低级,9 表示最高级。三者的比较可以得出反映服务质量的两项差距值:①感知到的水平与最低期望水平的差距;②感知到的水平与理想水平的差距。SERVQUAL 的设计者将前者称为服务质量"可容忍区"(zone of tolerance);将后者称为服务质量值(service quality scores)。他们还通过因子分析确认,这 22 项陈述分别测度着五个方面的质量指标:①有形性:即机构的设备、设施,以及工作人员的外在形象;②可靠性:即服务的准确性和可靠性;③响应性:即向顾客提供的帮助和服务的快捷性;④保证性:即工作人员所拥有的知识、礼貌和激发信任的能力;⑤移情性:即对顾客的关切和个性化服务。与以往的服务质量评估方法相比,SERVQUAL 体现的基本原理包括:用户的意见是判断图书馆服务质量的唯一可靠依据;服务质量表现为用户感知的服务水平与其期待水平之间的差距;服务质量包含若干不同方面,而且每个方面可以通过若干相互关联的陈述项来测度。

在图书馆界,对 SERVQUAL 的介绍和研究大约始于 20 世纪 90 年代初。美国、加拿大和英国是最早关注这一方法的国家,20 世纪 90 年代中期以后,澳大利亚、新西兰、爱尔兰和新加坡等国也开展了一些相关研究,我国从 1998 年开始介绍 SERVQUAL 方法。到 20 世纪 90 年代末,美国研究图书馆协会的部分成员馆已开始根据已有的研究发现对 SERVQUAL 进行"图书馆化"修正,这些修正最终导致了图书馆界的 SERVQUAL 版本——LibQUAL+™的出现。LibQUAL+™是一种严格的基于 Web 的图书馆用户的调查方法,它是一整套的服务,通过基于 Web 的测试,对图书馆服务进行评价,以便改善图书馆的服务,促进形成先进的图书馆服务文化。截止目前,每年都有很多关于 SERVQUAL 和 LibQUAL+™的论文和著作出现,表明了图书馆界对 SERVQUAL 的极大兴趣。

LibQUAL+™的目标是:为用户提供优质的图书馆服务;促使馆员更好的了解用户对图书馆服务的期望;搜集和解释一段时间里图书馆用户的反馈信息;提供由统一评估机构对不同图书馆进行评估的评价信息;改进图书馆的服务方法;提高图书馆工作人员的工作技能。

LibQUAL+™研究的主要内容包括:制定基于 Web 界面的图书馆质量评价方法;制

定评价图书馆的机制和协议;确定图书馆提供服务的最佳方法;建立 ARL 的图书馆服务质量评价程序。

截至目前,先后已有 400 多所图书馆参加了 LibQUAL+™ 的 4 轮实验性调研。2003 年的 LibQUAL+™ 调研吸引了来自美国、加拿大和欧洲的 304 所图书馆参加,LibQUAL+™ 也从原来的单语种工具发展为多语种工具。与第一轮调研的鲜明研发性相比,第四轮调研带有更明显的实际应用性质——参与馆都希望通过 LibQUAL+™ 对自身的服务质量进行测度和改进。以英国高等学校图书馆的参与为例,2003 年有 20 所图书馆报名参加 LibQUAL+™ 调研(它们都是英国"学院图书馆、国家图书馆与大学图书馆学会",即 SCONUL 的成员馆),这些图书馆参与调研的主要目的是依据 LibQUAL+™ 调研结果建立 SCONUL 成员馆的标杆基准(benchmarking),尝试图书馆质量评估的新方法、支持图书馆的质量认证过程。为了使 LibQUAL+™ 更适用于英国高校图书馆的背景,英国的调研还增加了 5 个陈述项。

随着 LibQUAL+™ 的日臻完善,美国大学与研究图书馆协会为 LibQUAL+™ 的应用馆提供的配套服务与设施(如数据分析软件)也日趋完备。目前,研究图书馆协会为采用 LibQUAL+™ 的图书馆提供的服务包括:专用 LibQUAL+™ 数据分析软件、集中的数据储存空间、LibQUAL+™ 反馈数据的分析、测度结果的整理和报告的撰写等。这些配套服务进一步增强了 LibQUAL+™ 的实用性,2004 年,LibQUAL+™ 开展了其第五轮调研,逐步完善从美国走向世界、从研究型图书馆走向其他类型图书馆,从而成为一个世界性图书馆服务质量评估工具。

国外对 LibQUAL+™ 的研究主要集中在以下几方面:LibQUAL+™ 版本的形成;对 LibQUAL+™ 评价指标的修正性研究;LibQUAL+™ 应用性研究。

(1) LibQUAL+™ 版本的形成。LibQUAL+™ 源自于对 SERVQUAL 的研究,20 世纪 90 年代初,加拿大、美国、英国的一些学者开始将 SERVQUAL 的评价指标尝试性地运用到公共图书馆、大学图书馆的服务质量评价中,发现这些指标基本适合图书馆的服务,与以往的图书馆服务评价相比,更多关注的是用户的感知和期望。但是研究表明 SERVQUAL 的评价指标不能完全涵盖图书馆的服务,有研究者提出它只能解释 50% 或 64% 的服务质量,许多指标在图书馆的服务中不能体现,有些指标还有交叉现象,只有经过修正才能适应图书馆的服务质量评价。

1999 年 12 月 ARL 与德克萨斯 A&M 大学图书馆合作开始了"LibQUAL+™ 研究计划",这项研究继承了 SERVQUAL 的评价方法和工作机理,通过反复进行用户调查和不断的修订,最终形成了图书馆化的 SERVQUAL 版本——LibQUAL+™,并在其评价层面增加了图书馆环境、自信、指南/用户,共设 8 个层面 41 个陈述项,克服了 SERVQUAL 评价指标的不足,基本覆盖了图书馆服务的各个领域。

(2) 对 LibQUAL+™ 评价指标的修正性研究。LibQUAL+™ 评价指标形成以后,ARL 对 LibQUAL+™ 的测试指标进行了多次的试验与调整,使之更加符合图书馆的实际。2001 年将指标调整为 5 个层面:情感性、可靠性、空间性、自助性、信息可获取性,共 56 个问题;通过一年的测试和分析,去掉一些不必要的问题,2002 年把评价体系归纳为 4 个层面:信息获取、服务效果、图书馆场所、个人控制,其中包含 25 个陈述项;到 2003 年经过反复的实践和修改,把信息获取和个人控制两项合并为一项,简化了指标体系,将其定为3个层面:情感性、空间性、信息控制,包含22个问题。LibQUAL+™提供给每一个图书馆的是统一的评价指标,测评数据可对不同图书馆进行比较分析,但是统一的指标不能反映某些地方性问题及地方性的服务需求。LibQUAL+™又增加了100个地方性问题,地方图书馆在测评时,可根据本馆需要从中选取5个问题,最终形成22+5的测评指标。以后还设置了开放性问题,增加了定性评价,2005年以后,定性评价实现了固定化,LibQUAL+™测评中心会把用户的意见集中起来反馈给测评方,此后LibQUAL+™评价指标保持相对稳定。

(3) LibQUAL+™的应用性研究。LibQUAL+™问世以来,ARL每年都进行大量的用户实验,对其评价体系进行修正补充。2000年有12所美国大学图书馆参加测评,到2007年则有欧、美、非等1000多所图书馆及图书馆联盟参加,LibQUAL+™已成为国际通用的标准之一。

LibQUAL+™采用Web调查方式,被调查者在网上填写问卷并提交。许多研究者将大学图书馆的调研数据进行实例分析、研究,得出服务质量的评价结果。如:Vanderbilt大学的Jean and Alexander Heard图书馆根据2002年参与调查的数据分析发现,用户在利用数字化服务时有困难、开馆时间不够、对现有设施情况不满意等问题;约翰·斯坦(Joan stein)与尼蒂奇·和农(Nitecki Hernon)分别报告了卡内基大学和耶鲁大学的调查结果,结果显示图书馆的服务质量与用户期待存在一定差距,尤其是服务可靠性方面差距较大;2003年20所英国高校图书馆参与了LibQUAL+™调研,增加了5个陈述项,以使LibQUAL+™更适合于英国高校图书馆。

LibQUAL+™引起了图书馆界的极大兴趣,参与馆都想通过它来测度用户对图书馆服务的期待、感知或满意程度,指导图书馆改进服务质量。

国内的研究起步较晚,LibQUAL+™出现以后,一些学者将其介绍到国内,并开展了一些理论上的研究和实践中的验证。

(1) LibQUAL+™在国内应用中信度与效度的验证与分析。信度即可靠性、正确性、准确性;效度即有效性。LibQUAL+™的可靠性和有效性在国外得到了严谨的论证,是否适应于国内图书馆的服务质量评价,还有待于进一步的研究。LibQUAL+™介绍到国内后许多大学图书馆应用它开展了服务质量的调查,获得了大量的数据与信息,通过对调查数据的分析,对评价体系进行了信度与效度的验证,以明确其是否适应于国内大学图书馆的服务质量评价。

(2) 调查问卷的设计。国内调查问卷的设计最大限度地借鉴LibQUAL+™的成熟指标,参考国内相关的评价体系,考虑到国内大学图书馆的不同情况及国内外文化的差异,2004年5月清华大学定为4个层面(服务情感/服务效果、信息/资源的获取、设施/环境条件、用户个人控制)22个指标,另外有一个总体综合评价;2006年4月北京大学图书馆设定5个层面(图书馆服务、资源建设与使用、图书馆设备与环境、图书馆员、总体评价)25个具体问题;浙江大学紫金港校区图书馆、广东三高校图书馆等也都对LibQUAL+™在国内的适应性进行了实证研究。中山大学图书馆提出了以满意度、忠诚度为核心的图书馆服务质量模型,设立9个变量,22个指标,并对中山大学南校区图书馆进行了测度试验。调查以高校师生为对象,随机发放问卷,对回收数据进行了信度与效度方面定量与定性的评价研究。研究证明根据LibQUAL+™修改的读者服务质量调查问卷结构性强,除个别项目外基本适合国内图书馆服务质量评价。清华大学图书馆搜集到大量可供分析的数据,经过系统分析处理,发现了用户对图书馆服务比较满意的 5 个方面、相对不满意的 5 个方面、受读者关注而相对满意度较低的 10 个方面,较全面的反映了读者对图书馆服务质量各方面的期望和满意度,为图书馆改进服务质量提供了依据。

国内各大学图书馆的实践表明,LibQUAL+™ 的评价内容容易被用户所感知和接受,能够反映出图书馆服务的本质和规律,国内大学图书馆在采用它的基本模式基础上应根据本国的文化背景及各图书馆自己的需要进行修正,制定出适合自己的评价标准。

8.2 图书馆服务质量评估的目的

对图书馆服务质量进行评估,首先要明确评估目的:为什么要进行评估。评估目的制约着评价主体、评价视角和评价标准,从而制约着整个评价活动。评价目的的明确,是整个评价活动合理有效的必要前提和条件。综合现有图书馆服务质量评价的研究,其评价目的主要有:

(1) 诊断性评价:通过评价诊断图书馆服务工作的缺失,以便采取改善的措施。
(2) 横向比较:用于比较不同图书馆之间的服务水平。
(3) 纵向比较:用于比较本馆不同时期的服务水平,以预测本馆服务质量的发展趋势。

图书馆服务质量评价最初也是最主要的评价目的是诊断性评价。基于用户感知的服务质量评价可以使图书馆管理人员明白用户对特定服务的期望和感知。特别是它可以计算出各服务质量维度的水平,也可以寻找到服务质量维度中,对用户感知服务质量影响较大的维度,从而使图书馆管理人员可以寻找到影响服务质量的关键问题,以利于采取措施,对其加以提升。而且,服务质量的评价还可以用来显示不同用户群体对馆服务质量期待的异同,确定可能存在的用户需求冲突,从而帮助图书馆管理者确定改进图书馆服务的优先次序。

对于服务质量的评价结果能否用于不同图书馆之间的横向比较,并据此建立图书馆排行榜,不同的学者有不同的观点。LibQUAL+™ 的目的之一是为图书馆提供与其他同类图书馆之间服务质量的比较,以此推动图书馆事业的共同进步。但保证这种可比性的前提在于:首先,要能区分图书馆的不同层次以便在同一水平下进行比较;其次,参与比较的图书馆的用户使用图书馆的"阅历"深浅应相差不大。即便如此,也有学者认为,服务质量是一个与图书馆自身相关的"本土"概念,不同主体间相互比较的可行性不大。特别是在我国,用户几乎没有选择图书馆的权利,不同的图书馆拥有不同的用户群体,其评价结果若直接用于图书馆之间的横向比较,会由于评价主体评判标准的差异而显失公平。故可以得出结论:服务质量评价的结果不适用于图书馆排行榜。

如果图书馆定期进行服务质量的评价进行纵向比较,由于评价主体的相对稳定性,评价的结果可以较为准确地预测本馆服务质量的发展趋势。如果图书馆在每次服务质量评价的同时,配合使用员工对服务质量看法的调查、收集用户建议和抱怨分析等方法,还可以寻找到良好服务传递的障碍之所在,更有效地改进服务质量。

8.3 图书馆服务质量的影响因素

服务质量是一个主观范畴,取决于用户感知和用户期望两个方面,它必须以是否满足用户的需求和愿望为准绳。服务质量和用户的感受有很大的关系,用户认可的才是质量,服务质量不能由服务提供方单方面决定。用户可感知的质量是一种整体可感知质量,是用户对服务的期望质量和实际感受到的质量的综合,用户对服务质量的感受来自服务提供者提供的服务与用户对于服务的期望进行匹配比较的结果。对图书馆来说,以自身拥有或控制的信息资源及服务范围设计各种服务项目,但其服务质量不应该是图书馆自己决定,而应由用户来确定。用户在体验图书馆服务质量时,也是基于自己的信息需求预期在图书馆可能获得的结果并把这种结果与图书馆交互过程中所感知到的质量进行综合比较,进而确定利用图书馆服务的质量水平。因此,非常有必要研究用户在利用图书馆服务过程中影响其质量体验的主要因素,这对于图书馆改善服务相关环节、提高服务质量大有裨益。

图书馆服务质量体现为用户的整体可感知质量,是用户对服务的期望质量与实际的感知质量的比较与匹配。图书馆服务质量由期望质量与感知质量构成,它们决定着图书馆实际服务过程的服务质量水平与程度。而期望质量和感知质量的每一构成元素又可细分为若干小的因素,这些因素既是图书馆服务质量形成的基本成分,又是影响图书馆服务质量高低的因素。因此,我们把影响图书馆服务质量的主要因素概括为:

8.3.1 馆员

图书馆属于服务性行业,服务的特点决定了图书馆员在服务工作中的重要作用。用户到馆后,除环境外直接接触到的就是图书馆员,这将直接影响到用户的感知,成为用户评价图书馆服务质量的首要因素。馆员素质的高低是决定图书馆服务质量的重要因素,馆员素质如果偏低,会使图书馆的服务工作处于一种低水平、低质量的运行状态。要达到服务质量与用户满意度的同步增长,提升馆员素质是关键。馆员个体在信息意识、服务态度、服务能力方面存在差异。

8.3.2 设施

图书馆设施是图书馆提供服务过程中使用的各种服务工具和服务设备,都在一定程度上影响用户感觉中的服务质量。大到如图书馆所处位置对用户的方便性、电子阅览室为用户提供服务所使用的电脑、打印机和扫描仪、图书馆的网络平台等,小到图书馆提供的存包处、小物件购置处、所选用的计算机操作系统、所提供的数据库系统等,都会在不同程度上影响各类用户对图书馆服务质量的感知。

8.3.3 资源

资源是图书馆开展服务所凭借的知识内容及其表现形式,是评价图书馆服务质量高低的最直接也是最重要的因素。对于图书馆来说,资源数量的多少、资源种类的齐备程度、学科覆盖范围的完全性,以及最近出版的各类信息资源的比率等共同影响用户对图书馆服务结果的期望程度。

8.3.4 环境

在良好的氛围里获取知识,不但可以缓解脑力负担还可以带给人舒心愉悦的感受,无论是在视觉还是在听觉、嗅觉上都可以给人美好的感官冲击,使用户有惬意的心绪来享受知识的滋润。图书馆的功能单元布局(如阅览室、借阅部)、馆内环境(如馆舍等建筑物的式样、风格、颜色、规模、材料、格局、绿化及室内装饰的美化等)、馆外环境(如交通便利性、是否远离闹市区等)等都会在不同程度上影响用户是否选择图书馆满足其信息需求。

8.3.5 服务规范

服务规范是图书馆服务过程中服务提供者、使用者及服务过程中应当遵循的基本原则,如图书馆的借阅方式与借阅期限、馆员的服务态度与职责、用户的权利与义务等。只有显性的体制规范与隐性的用户习惯、用户期望相匹配,才能缩小用户期望与图书馆提供服务的差异,更好地完成图书馆信息服务工作,提高服务质量。

8.3.6 其他服务

如用户培训、知识讲座、组织活动等都是影响图书馆服务质量的因素。通过这些活动的开展,不仅有利于用户了解图书馆,而且有利于提升图书馆形象,增加用户对图书馆的亲和力。

以上各因素共同作用,决定图书馆服务质量的水平。不同因素对图书馆服务质量的影响程度是不一样的,因而整个服务质量体系不同因素的贡献率或权重应该是我们探讨图书馆服务质量的重要内容。

8.4 基于 LibQUAL+™ 的图书馆服务质量评估体系的构建

图书馆服务质量评价是实现图书馆科学管理的重要手段。评价的依据、标准和方法由图书馆的职能及其用户的实际需求决定。目前,在基于用户角度评价图书馆服务质量的方法中最有影响力的评价模型是 LibQUAL+™,它是由美国研究图书馆协会(Association of Research Libraries,ARL)最先在"研究型大学图书馆服务质量评价"项目中,以美国市场营销学家 L. L. Berry 的服务行业质量评价方法 SERVQUAL(Service Quality)为蓝本,通过重新设计和修订调查问卷、评价层面和指标以及收集数据而建立的。

该模型在众多图书馆的参与下经过了多轮实践检验与修正,现已成为美国图书馆界最有影响力的评价模型。近年来,基于 LibQUAL+™ 的图书馆服务评价方法已引起我国图书馆界的高度关注,清华大学图书馆、中山大学图书馆等几所国内高校图书馆利用 LibQUAL+™ 对本馆的服务质量进行了实际评价,并结合图书馆管理及用户需求的不同特点,在修正 LibQUAL+™ 以使其更好地适应我国图书馆服务质量评价方面进行了开拓性研究。然而,该评价方法在国内仍然处于引入与发展阶段,有必要在方法学上作进一步的研究。

8.4.1　LibQUAL+™体系的基本框架

LibQUAL+™的理论框架源于芬兰市场学家克里斯蒂·格鲁诺斯提出的服务导向质量理论(包括可感知服务质量概念和全面质量控制模型)，而LibQUAL+™评价模型的蓝本则是美国市场营销学家L. L. Berry的服务质量评价模型SERVQUAL。按照可感知服务质量的概念，用户感知的服务质量可分为技术和职能两个方面，对应的服务质量称作技术质量和职能质量。技术质量表现为服务过程中用户得到的具体收获，一般可以进行精确测量和定量评价；职能质量则是用户在接受服务过程中具体感知到的服务态度、服务状况等，职能质量虽然抽象，但是用户在利用服务的过程中可以清晰感知。技术质量和职能质量共同决定着服务者的组织形象，但二者仍不是用户可感受到的服务质量。在克里斯蒂·格鲁诺斯的全面质量模型中，服务质量就是用户总体感知的质量，并且不能由技术质量和职能质量直接决定和测度，而是取决于用户的期望质量和实际服务质量之间的差距。所谓服务质量差距理论，是指某一服务行业的服务质量最终取决于用户感受到的服务水平与期望的服务水平之间的差值，即服务质量=用户感知-用户期望。对比传统评价模式，LibQUAL+™具有以下特征：①评价主体由图书馆机构转变为图书馆用户；②评价内容由关注机构的组织运作转变为注重功能表象和用户感知；③评价线路由注重管理过程转变为注重目标结果。

基于评价目标的要求，图书馆服务质量评价体系必须以服务用户为导向，结合图书馆服务的专业特点，在服务质量差距测度的基础上建立可以控制和可以测评的评价体系和方法。"可以控制"是指评价模型的设计能够反映服务系统运行的基本情况，其评价结果有助于系统进行结构与组织方面的调整，以提高服务系统的服务功能；"可以测评"具体包含两个方面的含义，其一是评价指标能为用户直接感知和评判，其二是对模糊评判结果能进行有效的量化测度。根据以上要求，LibQUAL+™调查问卷大致可分为三个部分：第一部分是基本资料部分。这部分主要包括用户基本信息、用户所属的读者群类(如受教育程度、学科背景等情况)，其作用是将调查结果按用户类型进行划分与研究。第二部分是调查问题。这部分是调查的核心，是指服务质量评价指标体系部分，指标体系将调查划分成若干个层面，每个层面又包含若干个调查问题。当前LibQUAL+™的指标体系缘于服务行业的服务质量评价模型SERVQUAL，是结合了图书馆用户服务的特殊性并经过多次实际检验和修正后发展演化而来的。LibQUAL+™指标体系演化表如表8-1所列。

表8-1　LibQUAL+™指标体系演化表

年度	2000年	2001年	2002年	2003年
数量	8个层面41项	4个层面56项	4个层面25项	3个层面22项
具体指标	保障性	服务效果	服务效果	服务效果
	怡情性	图书馆环境	图书馆环境	图书馆环境
	可靠性	个人控制	个人控制	信息控制
	响应性	信息获取	信息(资源的获取)	
	有形性			
	图书馆环境			
	指南(用户说明)			
	自助			

在 SERVQUAL 评价模式中,其创始者 L. L. Berry 基于大量的定性与定量研究提出了影响服务质量的主要因素,并将其归纳为有形性、可靠性、响应性、保障性和怡情性 5 个层面共 22 项调查问题。其中有形性是指服务的物理设施、设备、服务机构及人员的外在形象;可靠性是指可靠而准确地开展所承诺的服务的能力;响应性是指帮助用户完成意愿和提供即时服务的能力;保障性是指工作人员的知识、素质和完成本职工作的能力;怡情性是指对用户寄予关切和关注。LibQUAL＋™在 2000 年的最初指标设计中,在 SERVQUAL 原有指标层面的基础上考虑到图书馆的服务特色又增加了图书馆环境(Place of Library)、指南(用户说明)(User instructions)和自助(Self－reliance)3 个层面。通过实践调查和用户访谈,由于有形性、响应性和怡情性在应用到图书馆服务质量评价时都是从不同角度衡量图书馆信息服务的效果,会出现重叠评价,因此在 2001 年将其归并为服务效果一项。此后,该指标体系又经过几次小的修正,于 2003 年最终形成了目前普遍应用的具有 3 层面 22 项调查问题的指标体系。第三部分是用户对图书馆服务质量的整体评价。该部分采用封闭性问卷调查和开放性问卷调查相结合的方法。封闭性问卷调查预先设定了某些图书馆服务让读者进行评判;开放性问卷调查则不设定调查范围,主要用以征询用户的意见和建议。用户评价部分的作用是补充第二部分核心调查问卷的不足,以便进一步了解用户对图书馆服务质量的总体感知情况。LibQUAL＋™评价模式不仅能够获得用户对图书馆实际服务绩效的评价,还可以了解用户对服务的期望,从而通过改进服务,不断缩小实际服务质量与用户期望之间的差距,最大限度地满足用户的需求。

8.4.2 基于 LibQUAL＋™的评价指标体系的构建及修正

LibQUAL＋™受到我国图书馆界的广泛关注,一些高校图书馆目前已对基于 LibQUAL＋™的图书馆服务质量测评方法进行了实证研究。考虑到我国图书馆的组织管理特点、用户需求习惯及社会文化背景差异,在借鉴、引入 LibQUAL＋™时必须对其评价指标体系进行修改和重新设计。目前国内具有代表性的研究成果对指标体系的设计提出了如下思路:由于现有 LibQUAL＋™体系的评价指标较多,建议重新设计时采用二级层次模式,并以 2002 年 LibQUAL＋™指标体系为蓝本,将指标体系分为 4 个层面约 20 项问题,4 个层面一般可设为:服务职能(服务效果)、信息(资源)的获取、设施(环境)条件、用户个人控制。

1. 服务职能(服务效果)

服务职能(服务效果)包括 4 个要素:情感作用、可靠性、保障力、服务效率。服务职能(服务效果)是用户对图书馆组织管理、队伍建设、读者服务等职能工作的印象,其调查问题应包括:馆员仪表整洁、举止文明、接待读者礼貌热情、服务殷切,馆员有必要的专业知识和技能,可提供一般咨询服务;图书馆关注用户个性需求并提供特别服务;图书馆经常组织各种用户培训,以帮助其提高利用图书馆及获取文献信息的能力;图书馆能及时报道入藏新书、新数据库及其他电子资源信息;图书馆有便捷的用户意见与建议反馈渠道。

2. 信息(资源)的获取

信息(资源)的获取主要包括 3 个要素,即信息获取的范围、获取的时间限度、获取的方便程度。该层面是用户对图书馆资源建设和资源保障职能的印象。为了解图书馆各类资源的保障情况,信息(资源)的获取应将资源细化为各种类型和载体的资源,并对各类资源的使用情况进行用户评价调查。其调查问题应主要包括:印刷型图书能满足需求的程度;印刷型期刊能满足需求的程度;电子资源(各类数据库)能满足需求的程度;数据库能否快捷登录并准确检索到馆藏资源;图书馆馆际互借和文献传递服务是否便利、快捷。

3. 设施(环境)条件

设施(环境)条件包括 3 个要素,即实际使用的场所、精神的象征和避难所。该层面是用户对馆舍条件,阅览座位,功能布局,自动化、网络化、数字化设施和设备,图书馆自然与人文环境,办馆软硬条件的印象。该层面上用户调查的问题应主要包括:图书馆馆舍、阅览座位、公共生活设施能满足读者需求;文献资源及公共服务设施布局合理,标识与导引清楚、便于用户使用;良好的自动化程度有助于用户通过数据库访问和获取文献信息;环境整洁、安静,文化氛围有益学习、思考。

4. 用户个人控制

用户个人控制主要包括 3 个要素:导航使用便捷、服务方便、现代化的设备。该层面是用户对图书馆自动化、网络化、数字化建设的印象。该层面上用户调查的问题应包括:利用图书馆网站可方便、快捷地远程访问和获取图书馆的电子资源;在图书馆网站可方便地进行资料和信息的查询;可进行远程虚拟咨询,远程访问馆务公开系统;利用图书馆的服务器可进行个性化信息的存取。

8.4.3 基于 LibQUAL＋™的评价指标的测度与计量方法

用户在调查中对 LibQUAL＋™的每个指标从可容忍的最低水平、实际感受水平和理想期望水平 3 个角度打分,将模糊感觉量化为 9 个等级得分。读者满意度评价指标测度表如表 8-2 所列。

表 8-2 读者满意度评价指标测度表

评价内容	最低忍受值(1~9)	实际感觉值(1~9)	理想期望值(1~9)

这种根据服务质量差值理论设定的指标测度方法可以提供 2 个基本缺口值,即服务优秀缺口值(Service Superiority Gap,SSG)和服务充分缺口值(Service Adequacy Gap,SAG),分别表示为 SSG＝实际感受值－理想期望值,SAG＝实际感受值－最低忍受值。SSG 和 SAG 的数值越大,说明服务质量越好。一般情况下,实际感受值在"认可区"内,即在最低忍受值与理想期望值之间,但也可能落在此区间外。若实际感受值小于最低忍受值,则表示服务是不被接受的;而若大于理想期望值,则表示服务超过了预期,这反映出服务资源存在分配不合理问题。上述两个缺口值是评价服务质量的两个基本测度,依此可以进一步构建一般的测度或计量关系,如用户对图书馆服务的满意度或关注度:

(1) 相对满意度＝[(实际感受值－最低忍受值)/(理想期望值－最低忍受值)]×100%

(2) 简单满意度＝(实际感受值/理想期望值)×100%

(3) 关注度　某项指标 i 的用户关注度可由用户对该指标的期望中值 S_i 表示，$S_i=A_i+E_i$（A_i 为最低忍受值，E_i 为理想期望值），最低忍受值和理想期望值越高，表明用户对该项服务的关注度越高。关注度区间可表示为

$\Delta s = s_{\max} - s_{\min}$，即所有指标中的最大关注度与最小关注度之差。例如，如果将评分划分为 16 个等级，则用户对某一指标的关注度可以量化表示为

$$\text{对指标 } i \text{ 的关注度} = \begin{array}{ll} 1.0 & 0 \leqslant S_i - s_{\min} < \Delta s/15 \\ 1.5 & \Delta s/15 \leqslant S_i - s_{\min} < 2\Delta s/15 \\ 2.0 & 2\Delta s/15 \leqslant S_i - s_{\min} < 3\Delta s/15 \\ \vdots \\ 8.0 & 14\Delta s/15 \leqslant S_i - s_{\min} \leqslant \Delta s \end{array}$$

用户对调查问题的关注程度可用于指标体系的权重赋值，从而构建评估模型的权重体系。

在具体对图书馆服务质量进行调查评价的过程中，可对数据进行如下收集、处理和分析：①设计调查问卷，问卷内容涵盖评价指标指向的全部问题。②随机抽取调查用户样本，通过直接发放和回收问卷的方式或通过网络进行问卷调查。③回收问卷，对问卷的有效性进行筛查，对所有调查用户或对不同调查用户按类别分别计算各指标测度（最低忍受值、实际感受值和理想期望值）的平均值。④对基本指标测度进行进一步测度和分析，如计算读者满意度、关注度等。⑤按照读者满意度、关注度对指标进行降序或升序排序分析，各个调查项目的综合排序决定了图书馆今后改进管理、提高服务水平、进行管理决策的优先顺序。图书馆工作以用户需求为导向，通过不断完善资源配置和运行管理机制提高服务水平，从而推进图书馆事业健康发展。

8.4.4　LibQUAL＋™的局限性

（1）LibQUAL＋™适合于评价用户满意度，并不能全面测量图书馆的服务质量。用户满意度是衡量图书馆服务质量的一个重要方面，但它不能完全等同于图书馆的服务质量，图书馆是否有效的为客户提供了信息服务很重要，但是所提供信息的种类、数量、及时性、服务方式的方便性等也应是服务质量的衡量指标，不能用"用户满意度"这一项指标来代替。

（2）用户感知到的服务质量不能等同于客观的服务质量。LibQUAL＋™在评价图书馆服务质量时，所搜集的数据均由用户凭主观感受来填写，它所测到的服务质量实际是用户感知到的服务质量，而不是客观的服务质量。用户对服务的感知受自身阅历、信息素养、心理状态等各方面的影响，不同的用户对同样的服务会给出不同的评价，用户感知到的服务质量不能等同于客观的服务质量。

（3）测评没有考虑到用户层面的差异。图书馆的性质不同，各馆的战略目标也不同，它服务的用户群是不一样的，通常要为不同的用户群提供层次不等的服务，服务目标的确定要符合本馆的总体发展战略。如高校图书馆为教师、研究生、本科生提供的服务不能一概而论，如果不加选择的抽取测评对象，则必然造成对服务质量评价的不真实。另外，用户的自身阅历不同对同样服务质量的感知水平和期望水平是不同的，阅历深的用户所占比重大时综合评价质量就低，反之亦然。

（4）调查方式的局限性。LibQUAL＋™在国外的测评采取网上随机抽取样本进行

调查的方式,在国内图书馆进行调查时则不具有实用性,主要受网络的普及、用户的经济条件、图书馆的办馆条件等各方面的限制,用户现场问卷调查的方式比较适合于多数图书馆。

(5) 用户不能准确表达他们对图书馆服务的期望值与感知值。在进行测评时多数用户无法在 1~9 的分值之间进行准确判断,并转化为 9 级定序测定上的相当分值给予确切打分,从而影响数据的准确性。

第九章 图书馆文献资源绩效评估

9.1 文献资源绩效评估研究综述

馆藏文献资源,也称为馆藏资源,即图书馆所收藏的所有资源,是图书馆赖以存在和提供服务的物质基础。图书馆文献资源收藏对象经历了"图书""文献资源",再到今天的"信息资源",载体形态由单一的纸质图书到非书资料再到今天各种电子资源、数字资源和网络资源,馆藏的建设工作从尽可能多的收集图书,到关注藏书的选择、组织、管理等,馆藏资源建设随着社会信息环境、读者的需求、图书馆服务目标的变化而相应变化。

通过馆藏文献评价,可以从宏观和微观层面把握馆藏资源建设与利用情况,对于用户的需求和偏好以及馆藏信息资源的数量和用户需求之间的差距有具体的了解;图书馆在掌握馆藏建设具体情况的基础上作出科学的决策,从而对馆藏信息资源建设进一步优化和完善,使之更加科学、合理,更加符合读者的需求。

馆藏资源评价研究,经历了传统馆藏资源评价时期、馆藏资源评价研究变革时期及当今的馆藏资源评价多元化发展时期。

传统图书馆以纸质图书为收藏对象,因此,馆藏评价也称为藏书评价。20世纪80年代初,图书馆界学者逐渐认识到藏书评价在图书馆建设中的重要性,开始从事馆藏评价方面的研究。国内最初发表关于馆藏资源评价的文献是以翻译介绍国外藏书评价方法为主。随后关于评价标准的研究主要是围绕藏书的数量和质量两个方面进行评价。以藏书保障率、复本率、增长率、最佳入藏量等为依据来评价藏书总量及增长量控制程度;以藏书内容的情报含量和科学性、藏书的利用率和拒借率为依据来评价藏书质量的高低;以分析藏书的学科结构、等级结构、文种结构、时间结构、文献类型结构来评价藏书体系结构的合理性。在研究方法上主要有统计法、调查法、引文分析法、书目核对法等方面进行评价。20世纪90年代以后,计算机及图书馆集成管理系统的应用为获取数据提供了便利。

随着网络及电子资源的兴起,复合图书馆的概念逐渐被图书馆界认可。网络环境下的"馆藏"不仅包括物理形态的实体馆藏,而且包含以网络资源为主的"虚拟馆藏",馆藏评价指标得到进一步的修正。如盛小平把评价指标体系也分为实体馆藏评价指标与虚拟馆藏评价指标两部分;肖希明和郭海明都认为网络环境下的馆藏评价标准包括对图书馆信息资源保障能力的评价(实体馆藏和通过网络获取的虚拟馆藏)、图书馆信息资源质量的评价(信息选择质量、信息组织水平、信息加工能力、信息资源共享性)、图书馆信息资源利用率评价等几个方面。

随着数字馆藏的日益丰富,电子图书、电子期刊、综合性数据库、网络资源、自建数据库等,特别是图书馆采购的各类数据库、电子图书等电子资源越来越多,对数字资源的评价则成为图书馆界普遍关注的热点和研究重点。数字馆藏评价主要涉及:评价的标准及对象对国外研究成果的介绍、电子资源评价的指标体系、数字资源评价的方法等几个方面。有关数字馆藏的评估将在下一章作专门论述。

通过对近20年国内图书馆关于绩效评估研究论文的调查统计,70%以上的论文集中在关于概述性、指标体系、方法与模型、数字图书馆研究四个方面。针对文献资源建设的评估研究,也是集中在相关的指标体系、研究方法等方面,大多针对某一文献类型的绩效评估指标体系的构建及服务绩效评估,尤其是电子资源及服务的绩效评估。随着国外关于复合环境下馆藏文献资源绩效评估研究的深入,国内的公共图书馆、学术性图书馆等开始结合本馆实际开展文献资源的绩效评估研究,如国家图书馆制定的《图书馆绩效评估指标——文献资源绩效评估指标》、吉汉强等人撰写的《文献资源建设绩效评价指标体系构建的实践研究》等。

评估实践上,公共图书馆主要是文化部从1994年至2013年先后组织开展的5次全国公共图书馆评估定级工作,高等学校图书馆进行评估主要依据教育部《普通高等学校图书馆评估指标》进行评估。近年来,随着图书馆数字化的发展,中国高等教育文献保障系统(CALIS)成立了"资源与服务"评估子项目组,通过确定评估指标,构建评估指标体系,开发资源与服务评估管理系统,对"资源与服务"子项目开展评估活动,制定一系列高等教育数字图书馆评估规范。2012年12月31日,国家标准化管理委员会颁布国家标准《信息与文献图书馆绩效指标(GB/T 29182—2012)》,并于2013年6月1日正式实施,成为我国图书馆绩效指标的国家标准。在这些标准与规范中,有关图书馆文献资源的绩效评估指标,主要体现在资源的经费投入、提供服务的人员、资源内容、服务等方面。有关"资源与服务"评估指标如表9-1所列。

表9-1 有关"资源与服务"评估指标

公共图书馆第五次评估指标			图书馆绩效指标(GB/T 29182—2012)			普通高等学校图书馆评估指标		
一级指标	二级指标	三级指标	一级指标	二级指标	三级指标	一级指标	二级指标	三级指标
经费与人员	经费	财政拨款总额;财政拨款年增长率与当地财政收入增长率的比率;新增藏量购置费;电子资源购置费占资源购置费的比例;免费开放本地经费到位情况	潜力与发展	总体情况	图书馆通过专项拨款或创收获得的经费比率;资助机构拨付给图书馆的经费比率	办馆条件	经费	校拨日常运行经费
								其他经费来源
				馆藏	图书馆用于购买电子资源的支出占图书馆文献采访总支出的比率			经费使用情况
	人员	大学本科以上学历人数/职工人员(%);职称;领导班子状况;员工岗位培训、继续教育;业务研究	资源获取和基础设施	员工	用户千人拥有图书馆员工数		人员	队伍建设规划及落实

续表

公共图书馆第五次评估指标			图书馆绩效指标 (GB/T 29182—2012)			普通高等学校图书馆评估指标		
一级指标	二级指标	三级指标	一级指标	二级指标	三级指标	一级指标	二级指标	三级指标
经费与人员	人员	大学本科以上学历人数/职工人员（%）；职称；领导班子状况；员工岗位培训、继续教育；业务研究	效率	员工	开展用户服务的员工占员工总数的比率；回答正确率；文献采访支出与员工成本比率；员工文献加工能力	办馆条件	人员	人员数量
			潜力与发展	员工	提供电子服务的员工占员工总数的比率；员工接受正规培训人均时数			人员素质
资源	总藏量		资源获取和基础设施	馆藏	所需文献可获得性；所需文献占馆藏的比率	文献资源建设	馆藏量	馆藏情况
	电子文献藏量	电子图书藏量；电子期刊藏量						生均文献量
	文献入藏	图书年入藏量；报刊年入藏数量；视听文献年入藏数量；地方文献入藏完整率；外文文献入藏数量	效率	获取	文献加工时间的中位数；文献采访时间的中位数			文献资源特色
	藏书质量	文献采选方针与执行情况；呈缴制度与执行情况；多卷书、连续出版物入藏完整率					加工	加工周期
								标准化程度
								质量
	文献编目	普通图书文献编目；古籍文献编目；期刊、报纸文献编目；视听文献编目						提示报道
								数据库建设
	藏书组织管理	开架图书排架情况；剔旧工作；文献保护	资源获取和基础设施	获取	排架准确性		保存维护	纸质文献典藏管理
								其他载体文献管理
								数据库维护与更新
	数字化建设	数字资源建设；馆藏中文文献书目数字化；地方文献数据库建设；数字资源质量	资源获取和基础设施	馆藏	主题目录检索成功率；被拒会话比率		资源共建	文献购置协调
								文献加工合作

续表

公共图书馆第五次评估指标			图书馆绩效指标 (GB/T 29182—2012)			普通高等学校图书馆评估指标		
一级指标	二级指标	三级指标	一级指标	二级指标	三级指标	一级指标	二级指标	三级指标
服务	免费开放	公共空间设施场地的免费开放；基本服务项目健全并免费提供				读者服务	基本服务	开放时间
	普通服务	每周开馆时间；普通图书、报刊实行开架借阅；书刊文献年外借册次；馆际互借；馆外流动服务点(含流动图书车、自助图书馆等)书刊借阅册次；人均年到馆次数；书刊宣传；政府公开信息服务	资源获取和基础设施	设施	实际开放时间与需要开放时间之比			
				获取	闭架书库索取文献时间的中位数；馆际互借速度；馆际互借成功率			开架率
			利用	馆藏	馆藏流通率；人均借阅量；呆滞馆藏率			生均外借/下载量
				获取	人均到馆率；外部用户比率；外部用户借阅率			网上服务
			效率	馆藏	借阅平均成本			
	为领导机关决策提供信息服务						信息咨询服务	信息咨询
								馆际互借与文献传递
	参考咨询服务		利用	获取	通过电子方式提交信息请求的比率			信息编译报道或推送
	为特殊群体服务							
	数字资源服务	图书馆网站；网上服务项目；年网站访问量；新媒体服务；数字资源的发布和利用	利用	馆藏	人均内容单元下载量；馆内人均使用量		信息素质教育	读者入门教育
								文献检索课教育
			效率	馆藏	数据库访问平均成本；内容单元下载平均成本			校园文化建设
								学生参与服务
	社会教育活动	讲座、培训等活动；展览、阅读推广活动；每万人年均参与活动次数；图书馆服务宣传	利用	获取	用户人均参加图书馆活动次数；用户人均参加培训次数			

续表

公共图书馆第五次评估指标			图书馆绩效指标 (GB/T 29182—2012)			普通高等学校图书馆评估指标		
一级指标	二级指标	三级指标	一级指标	二级指标	三级指标	一级指标	二级指标	三级指标
服务	读者满意率		总体情况		服务目标人群比率；用户满意度	读者服务	读者评价	读者问卷调查
								读者座谈会
								读者意见箱

9.2 文献资源绩效评估遵循的原则

文献资源绩效评估指标体系构建的原则，参照《ISO 11620 信息与文献—图书馆绩效指标》、《ISO/TR 20983：2003（E）信息与文献—电子图书馆服务绩效指标》、《GB/T 29182—2012/ISO 11620：2008 信息与文献—图书馆绩效指标》以及相关文献研究，将文献资源绩效评价的原则总结为科学性原则、系统性原则、可操作性原则、可比性原则和相对稳定性原则 5 个方面。

1. 科学性原则

科学性原则是指构建的指标体系内容要符合客观实际，并能反映出评价对象的本质和内在规律，遵循理论与实际相结合，采取科学的方法，以科学为指导，以事实为依据。

2. 系统性原则

系统性原则指评价指标体系应具有系统完整性，具体体现在评价指标数量及体系结构上，要兼顾纸本文献与电子文献的评价，兼顾读者的满意程度、文献资源的数量、质量、利用情况和利用成本等方面。

3. 可操作性原则

评价指标体系是为了实际应用而设计的，要求指标体系的设计要便于数据的采集、获取。在基本保证评价结果客观全面性的情况下，指标体系力求简化，具有可操作性。

4. 可比性原则

评价指标体系尽可能与国内、国际有关的评价指标相一致，评价指标的定义尽可能采用国内、国际标准及公认的概念，以便于对不同时期的同一评价对象进行比较。

5. 相对稳定性原则

在充分论证的基础上，指标体系一经构建尽可能不要增减评价指标，保证指标体系的相对稳定性。如因时代的发展，确需增加或减少某项评价指标，在绩效分析时应作为一个重要的因素加以考虑。

9.3 文献资源绩效评估指标描述框架

目前，图书馆绩效指标体系的国际标准包括 IOS 11620《信息与文献—图书馆绩效指标》、ISO/TR 20983《信息与文献—电子图书馆服务绩效指标》两大体系。IOS 11620 从图书馆的用户评价(读者满意度)、共公服务、技术服务、服务的改善、人力资源的有效性与利用5个方面共34个指标,对传统图书馆服务和活动进行绩效评估。ISO/TR 20983从电子图书馆公共服务、人力资源的有效性和利用两个方面共15个指标,对电子图书馆的服务和活动进行绩效评估。本书的研究主要针对复合图书馆环境下的文献资源绩效评估,尤其是利用绩效进行测评,因此,针对两大体系的指标描述框架,将指标进行了重新的整合与调整,并增加了评价的标准和权重两项内容。绩效评估指标描述框架如表9-2所列。

表9-2 绩效评估指标描述框架

名称	每个指标唯一可描述的名称
目的	每项指标均具有明确的评价目的,根据要测评的对象进行描述
指标定义	根据所收集的数据及数据之间建立的关系,给每个指标作唯一的定义
方法	评价说明生成指标数据的收集和计算方法
评价标准	该标准事关整个评价结果的准确与否的关键性因素。应以行业标准为优先标准。在无行业标准时,可根据本馆的具体情况,选择经验标准、历史标准、计划标准等
权重	指标在整体评价中的相对重要程度,采用科学的方法计算出相对权重值
影响指标的关联因素	用于指出使用该指标时需要注意的事项及各个指标的影响因素

图书馆进行馆藏文献资源绩效评估要充分考虑到文献资源绩效评估与图书馆总体绩效评估及服务绩效评估的关联度与差异性,在制定评估指标时,如图书馆环境、图书馆设备、图书馆员工等图书馆绩效评价指标并未列入文献资源绩效评价指标体系中,但在二级、三级指标体系中有所反映,而对图书馆文献资源服务与利用评估则构成本指标体系的重要组成部分。本书根据图书馆的文献资源建设现状,结合关于文献资源建设绩效评估指标结构的研究成果,从文献资源建设读者总体评价、文献资源管理水平、文献资源结构、文献数量、文献质量、文献利用情况、文献成本7个方面构建了文献资源绩效评估体系(表9-3)。

表9-3 文献资源绩效评估体系结构

目标绩效	绩效评价指标
读者总评价	读者满意度
管理水平	建设计划、政策与标准、文献加工效率、文献著录标准、文献揭示、检索与获取效率等
文献结构	纸本图书经费比例、纸本报刊经费比例、电子资源经费比例等
文献数量	生均图书量、生均年进新书量、生均期刊订购种数等
文献质量	专业文献占有率、专业文献保障率、专业文献经费比、外文文献经费比、当年出版专业图书收藏比例、目标人群覆盖率等
文献利用情况	文献资源的有效性、图书借阅率、人均借阅量、人均阅览次数、人均电子资源点击数、人均电子资源利用篇数、当年未利用图书比例、拒借率等
文献利用成本	读者人均成本、图书单次借阅成本、电子文献单次使用成本等

9.4 文献资源绩效评估指标体系的构建

文献资源绩效评估指标体系的构建,主要依据各馆的馆藏特点,分为读者评价(读者满意度)、管理水平、文献结构、文献数量、文献质量、文献利用情况、文献利用成本 7 个一级指标,30 个二级指标,13 个三级指标(表9-4)。各指标的权重采用层次分析法计算得出(本书考虑专家论证各指标的相对重要程度时可能会作出相应调整,故未计算对应的权重,而用字母 M 代替)。

表9-4 文献资源绩效评估指标

一级指标	二级指标	三级指标	评价目标	计算方法	评价标准	权重	关联与影响因素
读者评价(A)权重:M1	—	—	评价读者对馆藏文献资源及服务的总体满意程度	以读者问卷调查方式获取,满分 100 分。A(用户对馆藏资源及服务评分的总和)/B(回答问卷调查的用户总人数)	按实际得分计算	M1	读者期望值
管理水平(B)权重:M2	建设计划(B.1)权重:M2.1	文献发展规划(B.1.1)	评价文献资源建设的计划性	是否具有文献资源建设的中长期发展规划	有为满分,无为零分	M2.1.1	规划与年度计划的科学合理性
		年度采购计划(B.1.2)		是否制定本馆文献资源建设的年度采购计划	有为满分,无为零分	M2.1.2	
	政策与标准(B.2)权重:M2.2	文献发展政策(B.2.1)	评价文献资源建设的原则、方针、政策	是否制定本馆的文献资源发展政策	有为满分,无为零分	M2.2.1	政策与标准的科学合理性
		采访标准(B.2.2)		是否制定本馆的文献资源采购标准		M2.2.2	
	采访加工效率(B.3)权重:M2.3	采访加工周期(B.3.1)	评价图书加工效率	文献采访与加工时间,即文献从采访到到馆加工完成所需的时间	≤90 天,超出 1 天扣 2 分	M2.3.1	书商供货时间和供货率;验收和加工效率等
		加工效率(B.3.2)		平均每人每月验收编目加工图书册数	≥1200 册,少 100 册扣 3 分	M2.3.2	验收、加工、分编效率;图书复本、管理系统有效性
	著录标准(B.4)权重:M2.4	著录完整性(B.4.1)	评价文献数据著录的标准程度	抽样调查著录字段的完整性与准确性。如缺少字段或著录错误为不合格。计量单位:种	≤3%,每增 1% 扣 5 分	M2.4.1	员工的知识结构与专业技能

续表

一级指标	二级指标	三级指标	评价目标	计算方法	评价标准	权重	关联与影响因素
管理水平(B) 权重:M2	著录标准(B.4) 权重:M2.4	分类标引(B.4.2)	评价文献数据著录的标准程度	书目数据分类是否正确,如分类错误或缺失,则记为不合格。计量单位:种	≤4%,每增1%扣5分	M2.4.2	员工的知识结构与专业技能
		主题标引(B.4.3)		书目数据标引是否正确,如主题错误或缺失,记为不合格。计量单位:种	≤3%,每增1%扣5分	M2.4.3	员工的知识结构与专业技能
	文献揭示(B.5) 权重:M2.5	新书报道(B.5.1)	评价文献的组织、揭示和报道是否到位	新书入藏情况报道的及时性	分优、良、中、差四档	M2.5.1	—
		新书推荐(B.5.2)		新书推荐情况	优为90分,良为70分,中为50分,差为0分。根据本馆具体情况及读者调查得出	M2.5.2	—
		电子资源的组织与推广(B.5.3)		电子资源的组织与揭示情况		M2.5.3	文献资源组织的科学合理性、文献推广的力度、文献揭示的深度与广度等
		资源整合(B.5.4)		文献整合检索情况	分优、良、中、差四档	M2.5.4	设备的有效性、管理系统的有效性
	检索与获取效率(B.6) 权重:M2.6	—	能否有效便捷获取文献资源	馆藏布局的合理性,检索用机及检索平台是否方便使用,网络是否畅通等	优为90分,良为70分,中为50分,差为0分。根据本馆具体情况及读者调查得出	M2.6	设备的有效性、管理系统的有效性、文献著录的准确性
文献结构(C) 权重:M3	纸本图书经费比(C.1)	—	评价纸本图书在当年文献购置费中的比例	A(当年用于购置纸本图书的经费)/B(当年用于购置文献资源的总经费)	≥40%,降1%扣5分	M3.1	文献建设政策、馆藏结构、当年文献资源购置费等
	纸本报刊经费比(C.2)	—	评价纸本报刊在当年文献购置费中的比例	A(当年用于购置纸本报刊的经费)/B(当年用于购置文献资源的总经费)	≥20%,降1%扣2分	M3.2	文献建设政策、馆藏结构、当年文献资源购置费等
	电子资源经费比(C.3)	—	评价电子资源在当年文献购置费中的比例	A(当年用于购置电子资源的经费)/B(当年用于购置文献资源的总经费)	≥40%,降1%扣4分	M3.3	文献建设政策、馆藏结构、当年文献资源购置费等

续表

一级指标	二级指标	三级指标	评价目标	计算方法	评价标准	权重	关联与影响因素
文献数量(D) 权重:M4	生均纸本图书量(D.1)	—	评价馆藏纸本文献保障率	A(馆藏纸本图书总册数)/B(折合在校生人数)	≥100册/人,少1册扣2分	M4.1	文献资源建设政策、馆藏结构、经费、图书复本、在校生人数等
	生均电子图书量(D.2)	—	评价馆藏电子文献保障率	A(馆藏电子图书总册数)/B(折合在校生人数)	≥80册/人,少1册扣1分	M4.2	文献资源建设政策、馆藏结构、经费、在校生人数等
	生均年进纸本新书量(D.3)	—	评价新增纸本文献保障率	A(当年新增纸本图书数量)/B(折合在校生人数)	≥5册/人,少1册扣5分	M4.3	文献资源建设政策、馆藏结构、经费、图书复本、在校生人数等
	生均年进电子新书量(D.4)	—	评价新增电子文献保障率	A(当年新增电子图书数量)/B(折合在校生人数)	≥3册/人,少1册扣3分	M4.4	文献资源建设政策、馆藏结构、经费、在校生人数等
	生均纸本期刊订购种数(D.5)	—	评价期刊保障率	A(当年纸本期刊订购种数)/B(折合在校生人数)	1种/10人,少10种扣1分	M4.5	当年文献资源购置费、期刊利用率、期刊利用成本
文献质量(E) 权重:M5	专业文献占有率(E.1)	—	评价馆藏内容质量,反映馆藏特色	A(专业文献总量)/B(馆藏文献总量)	≥70%,少1%扣1分	M5.1	文献建设政策、馆藏结构、文献数量、图书复本、文献经费
	专业文献保障率(E.2)	—	评价馆藏专业结构及文献保障情况	A(某一专业文献资源总量)/B(某一专业读者人数)	重点学科≥60册/人,少1册扣2分;一般学科≥40册/人,少1册扣1分	M5.2	文献建设政策、馆藏结构、图书复本
	专业文献经费比(E.3)	—	反映当年文献资源购置费中多大程度上用于学科文献资源建设	A(当年所有专业文献经费)/B(当年文献购置费)	≥80%,少1%扣1分	M5.3	文献建设政策、文献经费、馆藏结构
	外文文献经费比(E.4)	—	评价馆藏语种结构	A(当年所有外文文献购置费)/B(当年文献资源购置费)	≥30%,少1%扣1分	M5.4	文献建设政策、文献经费、馆藏结构

续表

一级指标	二级指标	三级指标	评价目标	计算方法	评价标准	权重	关联与影响因素
文献质量(E)权重:M5	目标人群覆盖率(E.5)	—	评价馆藏文献覆盖目标人群的成功率	A(特定时间利用图书馆的读者总人数)/B(目标人群总人数)	≥90%,少1%扣2分	M5.5	人均到馆率、人均馆内利用率、文献利用率、人均利用册数、人均利用次数
	文献收藏率(E.6)	—	评价新书采购及入藏情况,反映专业文献收藏的系统性和完整性	A(当年入藏的图书种数)/B(当年出版的适合馆藏的图书种数)	≥70%,少1%扣1分	M5.6	当年出版文献数量、经费、书商的资质、文献采访与加工效率
文献利用情况(F)权重 M6	馆藏文献的有效性(F.1)	—	评估馆藏文献在多大程度上是真正有效可获取	A(样本中有效的馆藏文献数量)/B(样本中馆藏文献总数量)	≥80%,少1%扣2分	M6.1	复本量、借期、限借册数、文献的时效性、上架准确率、文献利用率
	图书借阅率(F.1)	—	评估馆藏图书利用情况和文献总利用率	A(当年图书借阅总册数)/B(馆藏纸本图书总册数)	≥60%,少1册扣3分	M6.2	文献的有效性、馆藏结构、复本、借期、限借册数
	人均借阅量(F.2)	—	评估读者借阅情况和文献的利用率	A(当年图书借阅总册数)/B(目标读者人数)	≥30册,少1册扣5分	M6.3	文献的有效性、馆藏结构、复本、借期、限借册数
	人均阅览次数(F.3)	—	评估读者阅览情况和入馆成本	A(当年读者到馆阅览总次数)/B(目标读者人数)	≥100次,少1次扣3分	M6.4	阅读环境、阅览座位数
	人均电子资源点击次数(F.4)	—	反映电子资源访问情况	A(当年电子资源点击次数)/B(目标读者人数)	≥100次(估),少1次扣2分	M6.5	设备的有效性、管理系统的有效性
	人均电子资源利用篇数(F.5)	—	反映电子资源被利用情况	A(当年电子资源下载总篇数)/B(目标读者人数)	≥40篇(估),少1篇扣5分	M6.6	设备的有效性、管理系统的有效性

续表

一级指标	二级指标	三级指标	评价目标	计算方法	评价标准	权重	关联与影响因素
文献利用情况(F)权重 M6	当年未利用图书比(F.6)	—	反映新书被利用情况	A(当年购置纸本图书中未利用的图书册数)/B(当年购置的纸本图书总册数)	≤20%，超1%扣3分	M6.7	文献利用率、上架准确率
	拒借率(F.7)	—	—	—	—	—	—
文献利用成本(G)权重 M7	读者人均成本(G.1)	—	评估不同时期文献成本效果	A(当年文献资源总经费)/B(当年利用图书馆的读者人数)	250元，少10元扣1分	M7.1	纸本图书利用成本、电子资源利用成本
	图书单次借阅成本(G.2)	—	反映图书被利用成本	图书每借阅1次所需成本:A(特定时间段图书经费)/B(特定时间段图书借阅次数)	5元，每增加0.1元扣1分	M7.2	读者平均成本、文献利用率
	电子资源单次使用成本(G.3)	—	反映电子文献单篇利用成本	电子文献每下载1次所需成本:A(特定时间段电子文献经费)/B(特定时间段电子文献下载篇数)	3元(估)，每增加0.1元扣4分	M7.3	读者平均成本、自动化系统的有效性

注释：

(1) 关于抽样统计：读者满意度问卷调查、著录标准(著录的完整性、分类标引、主题标引)、上架准确率(参考指标)等。

作抽样统计时，注意抽样的代表性，考虑抽样的时间、地点和取样的方法等，避免主观性。

(2) 关于电子资源数量的统计：依据教育部《高等学校图书馆数字资源计量指南》中的相关计量办法。

(3) 关于折合在校生人数：依据教育部《本科教学工作水平评估》文件，结合学校的具体情况，折合的在校生人数＝本科生人数＋硕士研究生人数×1.5。

(4) 关于某一学科读者人数：某一学科所有专业的在校生人数＋相关学科(专业)的在校生人数×0.5。当需要评价某一专业的文献资源保障及利用情况时，在计算某一专业的读者人数时也可依据此办法。

(5) 关于电子资源浏览与下载次数：各馆之间、各数据库商之间的统计方法具有较大的差异性。通常的计算方法是：打开数据库界面，输入检索字段，打开所需的论文或图书(非正文部分)一次，计为浏览一次，打开正文一次计为下载一次。

(6) 指标权重系数的计算：本指标体系采用层次分析的方法计算各级指标对应的权重值。难点在于确定指标的相对重要程度。由于各馆的文献资源建设政策、收藏重点、服务模式等各有差异，指标的相对重要程度也就不尽相同。

(7) 评价标准:生均纸本图书量(D.1)、生均年进纸本新书量(D.3)参照《本科教学工作水平评估》中的优秀指标 100 册/人和 5 册/人,得到或超过优秀指标为满分(100);加工效率(B.3.2)按(生均年进新书量5册×在校生人数/实际参与此项工作人数)/一年中实际工作的月数测算,文献著录标准(B.4)参照各馆岗位工作考核标准;其他指标根据各馆的文献资源建设政策如经费比例、近三年的统计数据、各馆实际情况及其他高校馆的经验等进行测算。有关电子资源指标的测算值由于各馆统计办法的不一致和统计数据的不完善,可能存在一定的偏差。

9.5 文献资源绩效评估指标的应用

文献资源绩效评估指标只是针对个体图书馆而言,由于各馆的目标、任务、服务水平、资金等存在差异,不作为图书馆间的相互比较,只作为个体图书馆的一项管理手段。指标中的统计数据直接影响着评估结果,应保持数据统计的一致性和准确性。

(1) 文献资源绩效评估指标主要针对馆藏文献资源的绩效评估,但受到图书馆的目标、资金、员工技能、技术条件等的影响,在分析绩效高低时,应充分考虑到上述因素。

(2) 文献资源绩效评估指标具有相对稳定性,任何指标的变动、权重系数的变化、统计方法的调整等,都将对绩效指标产生直接的影响。

(3) 文献资源绩效评估指标既可用于评估文献资源总体绩效,也可用于某一单项的评估。当用于某一单项评估时,应考虑其相关影响因素。

(4) 当文献资源绩效较差时,并不一定要增加经费投入、资源或人力,也可能是管理方法、人员技能、技术条件等方面需进一步加强,应作全面分析。

(5) 在纸本资源与电子资源进行对比分析时,可用于调整馆藏结构。

9.5.1 馆藏文献资源总体绩效评估

文献资源评估体系共有7个核心指标(一级指标):读者满意度、文献资源管理水平、文献资源结构、文献资源数量、文献资源质量、文献资源利用情况、文献资源利用成本。

当文献资源绩效处于明显的上升或下降趋势时,需进一步观察各指标的升降变化情况,分析各指标值升降的影响因素。特别关注当文献资源政策作重大调整时各指标值的变化情况,当文献资源经费投入增减时,文献利用效率及其产生的利用成本的影响;馆舍环境的改善、设备的更新、员工素质的提升、资源推广和利用、培训的效果对读者满意程度的影响等。

9.5.2 读者满意度评价

读者满意度评估通常采取读者问卷调查的方式进行,重点在于读者问卷调查表的设计。调查对象的选择要兼顾目标人群的层次。

一份完整的文献资源问卷调查表通常包括阅读环境、阅读设施、资源的满意度、资源获取的便捷性、服务满意度、员工的素质等。

当对读者满意度进行评估时,问卷得分不能完全体现读者的满意程度,要充分考虑读者的实际感觉和期望。读者期望值是一个重要的考虑因素。

9.5.3　文献资源管理水平评估

文献资源管理水平评估共有 6 个二级指标：政策与标准、采访加工效率、著录标准、文献揭示、检索与获取效率；13 个三级指标：文献发展规划、年度采购计划、文献发展政策、采访标准、采访加工周期、加工效率、著录完整性、分类标引、主题标引、新书报道、新书推荐、电子资源的组织与推广、资源整合。

文献资源绩效评估指标体系中，建设计划、政策与标准如果制定就应具有相对稳定性，图书馆加工的周期与效率、图书供应商的资质与服务会对本指标产生一定的影响。

文献著录的完整性、分类与主题标引的准确性采取抽样统计方法，样本的代表性会对文献资源绩效评估指标体系的数值计算产生一定的偏差。在测评文献揭示、文献组织与推广、资源整合时，注重文献揭示的深度、文献推广的力度、资源整合的水平，而不能简单地以有或无加以界定，因为此三项指标会对文献资源利用情况产生一定的影响。

9.5.4　馆藏文献结构评估

馆藏文献结构评估是对馆藏结构的总体评价，不是针对特定文献的结构评价。通常以经费比来衡量。在复合图书馆环境下，纸本文献与电子文献的经费比重与本馆的文献资源建设政策密切相关，而且经费比例的调整直接影响文献的数量、利用情况与利用成本。

9.5.5　文献资源数量评估

文献资源数量评估是评估馆藏规模的重要指标，用以衡量馆藏资源的保障情况。设有生均馆藏纸本量、生均馆藏电子文献量、生均年进纸本新书量、生均年进电子文献量、生均纸本期刊订购种数 5 个二级指标。

电子资源数据库是馆藏文献资源的重要组成部分，在文献资源绩效评估指标体系中，将电子资源数量按《高等学校图书馆电子资源计量指南》计算办法计入馆藏电子资源总量。

9.5.6　文献资源质量评估

文献资源质量评估指标体系主要从专业文献占有率、专业文献保障率、专业文献收藏率、外文文献经费比等几个方面进行综合评价。

文献资源质量评估指标体系可能从以下几个方面评价文献资源的质量。

(1) 馆藏特色：专业文献占有率；
(2) 文献语种结构：外文文献经费比；
(3) 专业文献结构：专业文献保障率；
(4) 专业文献收藏情况：专业文献收藏率。

9.5.7　文献资源利用评估

文献资源利用评估指标有：文献资源的有效性、图书借阅率、人均借阅册数、人均入馆阅览次数、电子资源浏览与下载次(篇)数、当年未利用图书比例等。

文献资源利用评估指标值的高低,可反映各馆文献资源的利用绩效,另一方面也可以看到馆藏文献资源质量的优劣。文献资源利用绩效的高低,与馆藏文献的有效性、文献的语种结构、类型结构、专业结构、文献的复本、文献利用的环境、文献的获取效率、员工服务技能等密切相关。对文献资源利用绩效进行分析时,不能仅仅以得分的高低来评价绩效的优劣,而应考虑每项指标的具体情况及影响因素。

评价馆藏文献的有效性时,有效的馆藏文献数量采用抽样法,随机抽取一份典型样本,对样本中每一种馆藏文献记录下其复本是否有效。同时,通过对有效文献的测评,可以评价馆藏文献复本率的高低。

在评价文献借阅率时,可对当年年进新书借阅情况进行测评,用以评价当年所购新书的利用情况。

9.5.8 文献利用成本评估

文献利用成本评估指标从读者人均成本、纸本图书单次利用成本、电子资源单篇利用成本三项指标加以衡量。

通过对文献资源利用成本的测算,可以合理分配文献资源的购置经费,进一步优化馆藏资源的配置。当文献利用成本较低时,可能导致的原因有:文献总量较大而有效文献不足或时效性不够、文献采购缺乏针对性、文献品种的复本量较大(可参照未利用文献情况),或文献价格涨幅过大、网络设备等基础设施不足等。

第十章 图书馆数字馆藏绩效评估

10.1 数字馆藏概述

10.1.1 数字馆藏的形成

从20世纪40年代计算机进入人类社会以来,社会信息化大体经历了三个阶段。20世纪40年代:计算机开始进入人类社会——社会信息数字化;20世纪70年代:计算机从大型机向个人电脑扩展——数字信息个人化;20世纪90年代:计算机网络化——个人信息社会化,或称"信息网络化"。信息化技术的发展给人类社会带来巨大的变化,也给图书馆从馆藏内容到服务方式带来重大变革。图书馆数字馆藏建设,是图书馆有史以来规模最大的一次"载体革命",它不仅是对传统图书馆的继承和发展,更是数字时代给图书馆带来的前所未有的挑战,数字图书馆的概念也应运而生。

数字图书馆起源于美国。1994年9月,美国国家科学基金会正式公布了一项投入2440万美元的"数字图书馆创新工程",同年10月,美国国会图书馆推出数字图书馆项目,将该馆馆藏逐步数字化,并领导和协调全国的公共图书馆、研究图书馆将其收藏的重要文献资源进行数字化并加以保存,通过互联网供公众使用。随之,欧洲等世界各国纷纷制定数字图书馆计划,启动数字图书馆项目和工程。

我国的数字图书馆建设晚于欧美等发达国家。20世纪70年代,北京图书馆率先从美国国会图书馆引进机读目录(MARC)书目记录,开始了我国图书馆计算机网络化管理的研究与推广工作。直到20世纪中后期,我国图书馆才全面开始实行图书馆计算机网络化集成管理建设。20世纪中后期国内一些高校图书馆和规模较大的公共图书馆才真正实现计算机网络化管理,也就在这个时期,电子期刊等全文数据库开始在国内图书馆推广使用。典型的代表是清华大学电子期刊杂志社"中国学术期刊(光盘版)"。中文电子图书、学位论文和会议论文等数据库资源,大约是2000年以后才推广使用的。与此同时,中国高等教育文献保障中心(CALIS)等组织也开始将国外的一些重要数据库(EI、Springer、EBSCO等)引入国内,使得馆藏数字资源的类型和语种都日益丰富。

20世纪90年代,随着计算机网络化的发展,促进了馆藏数字资源的发展,推动了图书馆数字化的进程。网络的发展,图书用户需求的增长,促使图书馆更加关注数字资源建设。同时,图书馆馆藏数字资源的增加,相应的网络信息资源服务的种类和数量也越来越多,加速了图书馆数字化建设的发展。

10.1.2 数字馆藏的概念

馆藏是图书馆开展服务工作的基础和前提,是评价一个图书馆的重要指标。对于传统图书馆来说,馆藏是指图书馆购买的、拥有并保存在图书馆中,可供读者利用的各种文献资源的集合。但随着信息技术、网络技术、数字技术的发展，馆藏资源的类型和载体都发生了根本性的改变，数字化信息资源成为现代图书馆馆藏中不可或缺的重要组成部分。

数字馆藏至今还没有一个统一的定义。通常情况下，我们把数字馆藏也称为数字化馆藏、数字式馆藏、电子馆藏等。对数字馆藏的理解，依据文献，可以归纳为以下几种观点：

（1）数字馆藏是指经过数字化处理，借助计算机或计算机网络利用的文献信息。数字馆藏从形式来看，可分为购入式数字馆藏和开发式数字馆藏。

（2）数字化馆藏是相对于印刷型馆藏而提出的，是指图书馆馆藏中以数字化形式存储于特定的设备上如硬盘、光盘上的那一部分馆藏。

（3）数字馆藏是数字图书馆能够收纳任何可以编码为二进制位序列的信息。

（4）电子馆藏是指电子信息网络环境下，图书馆通过一定的方式，如购买、租用、开发、镜像、链接等方式，提供给用户使用的电子信息资源，这些电子信息资源可存储在图书馆中，也可存储在图书馆外。

（5）美国国家信息化标准组织（NISO）认为，数字馆藏是经过选择和组织起来的，并附有元数据描述和管理，以便于人们访问和使用的数字对象集。

综合以上观点，数字馆藏主要包括：以数字形式将信息存储在磁、光、电等介质上，通过网络通信、计算机或类似设备阅读使用的产品；图书馆所有的馆藏数字资源。数字馆藏区别于传统馆藏的重要特征之一就是数字馆藏不能独立存在，必须借助于一定的信息技术设备才能有效使用，数字馆藏不能脱离相应的存取设备和检索系统而独立存在。

10.2　数字馆藏绩效评估研究进展

从 20 世纪末开始，伴随着数字资源的出现与大量引进，图书馆的馆藏结构发生了根本性的变化。国外的传统图书馆日渐发展成复合型图书馆，数字资源在图书馆馆藏中的地位也日益重要。随着数字资源采购经费的逐年增长，数字资源的评价研究日益引起国外学者的重视。早在 20 世纪 90 年代，国外就对数字资源的质量进行了评价研究，到了 90 年代末，业内对数字资源的使用统计和绩效评估开始予以重视。

国外比较有代表性的项目有欧洲委员会资助的 EQUINOX 项目、国际图书馆集团联盟（ICOLC）资助的基于 Web 的信息资源使用统计指标指南、美国研究图书馆协会（ARL）的 E－Metrics 数字资源计量项目，以及由图书馆、出版社、中间商联合制定的在线网络数字资源使用统计项目（COUNTER）。对数字资源服务绩效的评估主要从以下几个角度来构建指标体系：①数字资源的使用和服务，数字资源及配套设施的费用，如 E-QUINOX 项目；②数字资源的数量、使用占图书馆全部资源、服务的比例，如 ARL 的 E－Metrics 项目；③用户培训及专门从事数字资源服务的图书馆员，如 IMLS 的网络环境下公共图书馆统计和绩效测度项目。

利用中国知识资源总库——CNKI 中国学术期刊网络出版总库作为数据来源，本书对国内 2000—2011 年发表的相关学术论文及申报的资金项目进行了统计分析：表 10－1 为 2000—2011 年国内数字资源绩效评估研究论文年度分布表；表 10－2 为国内数字馆藏绩效评估项目。

表 10-1　2000—2011 年国内数字资源绩效评估研究论文年度分布

年份	2000	2001	2002	2003	2004	2005	2006	2007	2008	2009	2010	2011
发文量	1	3	5	13	21	32	42	49	55	42	47	48

表 10-2　国内数字馆藏绩效评估项目

项目级别	项目名称	项目资助机构	研究者	研究机构
国家级项目	数字馆藏质量评价与绩效分析（04BTQ001）	国家社科基金项目	索传军	郑州大学
	电子资源在线使用统计与绩效评估（70573099）	国家自然科学基金项目	索传军	郑州大学
	数字馆藏服务绩效监控系统研究（06JA870011）	教育部人文社科规划基金项目	索传军	郑州大学
省级项目	图书馆电子资源的模糊综合评判研究[2003]433号	四川省教育厅规划项目	徐革	西南交通大学
	江苏高校数字图书馆引进资源的绩效评价与发展战略研究（08SJ870004）	江苏省教育厅高校哲学社会科学基金项目	赵乃瑄	南京工业大学图书馆
	电子资源服务的绩效评估与研究（JBS06064）	福建省教育厅课题	陈晋	福建师范大学图书馆
	艺术特色高校数字馆藏服务绩效评估研究（KM201110012010）	北京市教育委员会科技计划面上项目	刘净净	北京服装学院图书馆
	图书馆绩效评价研究（J10WL51）	山东省高等学校人文社会科学研究项目	张秀华	鲁东大学图书馆
	高校电子资源投入产出绩效综合评价（GDTK0927）	广东省图书馆科研课题	向林芳	华南理工大学图书馆

通过对检索到的文献进行内容分析，可将国内数字资源绩效评价的研究归纳为分析数字资源绩效评价的原则、构建数字资源绩效评价的指标体系及方案的具体实施等方面。

10.2.1　数字资源绩效评估的原则

ISO 2789：2006 中图书馆服务绩效评估有 6 项原则：知识性、可靠性、有效性、一致性、实践性和可比性。

在我国早期的数字资源绩效评估研究中，肖珑提出数字资源评估指标体系的建立要遵循文献计量学的基本原则：整体性、针对性、准确性、代表性和可比性；盛小平提出数字图书馆馆藏评估的原则包括可靠性、合理性、可用性、全面性、权威性、时效性、经济性。近几年国内在数字资源绩效评估指标体系的构建研究中，比较典型的构建原则如下所述。索传军提出的数字馆藏服务绩效评估指标体系的构建原则包括科学性、系统优化、指标的通用可比性、可行性、目标导向性、开放性和可获取性等原则。马越认为应依据全面性、重点性、准确性、可比性、可度量性、可获取性等6项原则来评估数字馆藏的总体绩效。张秀云提出数字资源绩效评估模型的构建原则包括整体性、合理性、量化性、客观性。而李丽华则认为数字图书馆评估指标体系的制订应遵循导向性、前瞻性、可操作性、灵活性和技术性的原则。孙芳提出虚拟馆藏资源评估的原则为导向性、科学性、系统性、可操作性、可比性、通用性和灵活性。

总之,国内学者在探讨数字资源绩效评估及指标体系构建时所应遵循的原则中最重要的有:整体性、可比性、可获取性、导向性、可度量性和可靠性。

10.2.2 数字资源绩效评估指标体系的构建

2009年3月,国家质量监督检验检疫总局和国家标准化管理委员会联合发布了GB/T 13191—2009(信息与文献 图书馆统计),并于2009年9月1日起实施。该标准代替GB/T 13191—1991,增加了电子资源与服务的统计项目,与国际标准ISO 2789:2006接轨,并规定了ISO 11620中所需的统计数据。目前国内的研究尚未形成普遍适用且可操作性强的一整套规范,其研究主要集中于对数字资源绩效评估指标体系的探索。2002年肖珑等在《电子资源评价指标体系的建立初探》中提出包括电子资源内容、检索系统及功能、使用情况、价值与成本核算、出版商/数据库商的服务、存档等的指标体系。2003年盛小平提出实体馆藏的评估指标体系包括信息拥有指标、信息揭示指标、信息检索指标、信息组织指标、信息加工指标和信息利用指标等。刘文梅总结了国外研究中已有的绩效指标:用户可获取的资源、电子资源的使用和服务、电子资源和相关基础设施的费用、用户培训、专门从事电子网络资源服务的图书馆员、用户满意度。2006年索传军从技术设施、使用、成本、服务及用户满意度5个方面构建了适合中国数字馆藏服务绩效评估的指标体系。2008年,肖珑提出了一套适用性很强的评估指标体系,并且详细说明了各项指标的适用层面和适用对象。陈晋提出了电子资源的服务绩效应包括依托的技术及服务环境。2009年吕旭霞提出国外电子资源绩效的评估指标有用户可获取的资源、用户可利用的设施、电子资源及其服务的使用、电子资源和相关设施的成本、用户培训、从业人员、用户满意度等。张秀华认为复合图书馆馆藏质量评估指标体系还应包括文献复合度指标。戴艳杰提出虚拟馆藏评价应包括存储系统的性能。

10.2.3 相关技术方法研究

数字资源绩效评估研究不断吸纳新的数学方法和计算机技术,这些新的技术方法为图书馆开展绩效评估提供了非常重要的技术支持。

10.2.4 筛选评估指标的方法

国内构建数字资源绩效评估指标体系的研究中,最常用的是通过专家调查的方法从众多的指标中遴选重要指标。很多数学方法被引入评估指标的遴选中来,如利用主成分分析法构建数字资源的综合评估指标,利用白化函数数据处理和灰色统计计算各指标的权重。张秀华等提出通过使用者打分的评价方式对给出的评估指标进行打分,再利用粗糙集模型选择评价因子。

10.2.5 确定评估指标权重的方法

近几年,国内学者将更多的数学方法与技术应用到数字资源绩效评估指标的权重计算中。徐革提出确定电子资源评估指标模糊权重的方法,是通过专家群体对评估指标的影响因子重要程度进行问卷调查和统计分析,并以三角模糊数的形式表达指标的重要性程度。刘军等人提出利用专家调查构建判断矩阵,通过计算各判断矩阵的最大特征根和特征权向量,所得的特征向量即为各矩阵中对应的指标权重。高建山等人提出运用三角模糊语义法确定评估指标权重,通过灰色聚类评价获得用户对电子资源的综合评估结果,最后运用优势粗糙集理论提取评价决策规则。贾洁等人提出基于BP神经网络对图书馆的电子资源质量进行评估,先通过调查获取用户对电子资源的满意度,构建BP网络参数,再通过对BP网络进行训练和仿真测试,达到评价电子资源绩效的目的。

10.2.6 数字资源绩效评估的数学模型

张秀华等人建立了基于粗糙集和BP神经网络的复合图书馆馆藏质量评估模型,首先运用粗糙集模型对评估指标体系中的指标进行约简,然后把约简后得到的评估指标输入到BP神经网络中进行智能训练,最后把待评估的检测样本输入到训练好的BP网络中,得到了馆藏质量实际输出值,实际输出与期望输出结果相吻合,从而证明了评估的可行性和有效性。王居平建立了一系列数字资源绩效评估的数学模型。他首先在不确定加权算术平均算子和区间数运算法则的基础上提出多指标群评估模型;后又结合区间直觉模糊数运算法则,引入了得分函数和精确函数,建立馆藏评估模型;并在连续区间数据有序加权平均算子概念的基础上给出了数字图书馆馆藏的群评估方法。

10.2.7 数字资源绩效评估的最新方法

数字资源绩效评估方法目前形成了一些可操作性较强的方法体系。刘洪根据电子资源绩效评估指标集合以及通过问卷调查获取的用户满意程度,继而分析用户期望和感知差距,建立了以内部图书馆专家群体确定和外部终端用户群体感知为核心的电子资源绩效评估模型。和媛媛等人用三角模糊数量化电子资源评估指标体系中每个指标的重要程度,并对高校的电子资源服务质量进行了实证研究,通过模糊多属性决策方法,综合评估了图书馆电子资源的利用情况。

10.3 数字资源绩效评估影响因素

一个图书馆数字资源绩效高低受多种因素的制约。既有设施、环境、技术等客观因素,也有馆员与读者的主观因素。根据《图书馆绩效指标》(GB/T 29182—2002/ISO 11620:2008)关于图书馆绩效评估指标的描述,对于一个图书馆数字资源指标的影响因素主要有资源、环境、用户、读者、服务环境等。概括地说,影响数字资源服务的因素主要有以下5个方面:

(1) 馆藏数字资源的因素;
(2) 数字资源存储与服务设备因素;

(3) 数字资源管理与服务人员因素；
(4) 用户自身的因素；
(5) 数字资源的服务环境。

10.3.1 馆藏数字资源的因素

馆藏数字资源的因素主要有两个方面：一是数字资源的数量，二是数字资源的质量。

(1) 数字资源的数量。数字馆藏数量指一个图书馆的数字馆藏总量，也就是规模效应。只有当数字馆藏达到一定的数量规模，数字资源较为丰富，读者所需的文献信息资源能够达到一定的保障时，读者才会选择或改变自己传统的纸质资源的利用习惯，也才会有更多的读者利用数字资源。如同随着网络技术的发展，越来越多的人习惯于网络信息资源的检索与利用。对于数字馆藏而言，数量因素既有数字库的大小，数字资源品种的多少，还包括虚拟数字馆藏的完善程度。而且随着发展，虚拟馆藏数量会显得更为重要。

一个图书馆数字资源的数量不是越多越好，越丰富越好，馆藏数字资源的数量与读者利用率之间总是保持着某种平衡。丰富的数字资源会促进读者对数字资源的利用，同时，读者对数字资源的广泛利用，又将促进图书馆对数字资源的重视，加快图书馆数字资源的建设。

(2) 数字资源的质量。影响数字资源质量的因素有很多，一般情况下，影响馆藏数字资源的质量因素主要有：数字资源收录信息的质量；数字资源的生产质量(扫描、加工、描述、组织等)；数据格式；数字资源检索系统等。数字资源收录信息的质量可以从绝对质量和相对质量两个方面进行评价。绝对质量是数字资源所收录信息的质量高低。对于一种数字库而言，就是指所收录的电子期刊(图书、论文等载体信息)的质量。比如对于期刊数据库来说，三大检索期刊的来源刊有多少种，每种期刊的影响因子是多少等。相对质量是由其所服务的用户来决定的。每个图书馆都有其明确的收藏范围，对于数据库的选择都是根据学校的专业设置、科研需求等情况进行订购，所购数据库收录的信息内容有多少是用户真正所需要的，必然影响馆藏数字资源的整体质量。数字资源的生产质量通常包括资源的扫描、加工、描述和组织等。资源的扫描、加工是外在质量，主要指资源显示的清晰程度，资源占用空间大小等；描述和组织是资源的内在质量，特别是在当前资源共享环境下，资源描述和组织、资源格式的规范性直接影响资源的使用和共享程度。

众所周知，计算机系统的升级换代非常快，过时数据格式很快就会被新的数据格式所代替，而数据格式的不同也会直接影响数字资源间的相互兼容，所以对数字资源的选择，数据格式的规范性和先进性是非常重要的。而用户对于数字资源的使用，主要通过网络来获取服务，数字资源检索系统的性能，包括检索方式等检索功能是否完备，检全率和检准率等检索效果是否良好，用户界面的友好程度等，同样成为馆藏数字资源质量的重要影响因素。

10.3.2 数字资源存储与服务设备因素

数字资源的存储与服务、管理与利用等对于信息技术设备的依赖程度非常高，设备是否先进、管理系统是否完善等直接影响数字资源的利用效果。教育部《本科教学工作水平评估》、国内外图书馆数字资源利用绩效专项评估等，都将图书馆的信息技术设备和现代化管理手段列入重要的评估指标。

10.3.3　数字资源管理与服务人员因素

数字资源管理与服务人员因素是影响馆藏数字资源,利用绩效最重要的因素之一。如何满足用户的信息需求,在多大程度上满足用户的信息需求,信息管理系统的运行状况等,在很大程度上取决于信息管理人员的素质和能力。管理是为了用户能够有效地获取信息,但是,用户如何选择某种资源去获取,能否有效获取自己所需的信息,还要看用户对于馆藏资源的了解程度、用户获取信息资源的能力,也就是用户的信息素养,所以对于用户的教育培训在数字资源的利用中显得十分重要。数字资源的管理与服务人员,要做好资源的管理、宣传、培训和咨询等工作。

10.3.4　用户自身的因素

用户的信息素养和整体素质对馆藏数字资源的使用影响很大。信息素养反映了其利用信息的敏锐性,整体素质反映了其利用信息的能力。用户数量和水平是决定馆藏数字资源利用率高低的重要因素。对于一个图书馆来说,在一定时期用户数量是相对固定的,用户的信息素养和整体水平,特别是外文文献的阅读水平和利用计算机的能力等影响着数字馆藏的利用效率。

10.3.5　数字资源的服务环境

数字资源的服务环境主要包括外部环境与内部环境。外部环境主要有外部的网络环境、外部潜在用户的数量和水平、外部资源的可获取性等。内部环境主要有可供用户使用的馆舍面积、管理系统的先进性、设施的数量和先进性等。

10.4　数字馆藏绩效评估指标体系构建

20世纪90年代中期以来,国外图书馆界及相关领域的专家对数字馆藏及其服务的评估给予了高度的关注,并开展了一系列的相关研究。其使用统计与服务绩效等相关项目的研究成果在图书馆中进行了应用研究和测试,在数字馆藏及其使用评估指标和评估实践方面取得了显著的成果,一些成果已经用于数字馆藏的评估实践中。如美国佛罗里达州立大学的信息使用管理及其政策研究所(Information Use Management and Policy Institute)承担的图书馆电子资源和服务评估指标培训系统项目(EMIS:the E-metrics Instructional System)、COUNTER项目等。目前已经有很多数字库商向用户提供的在线电子资源使用统计数据均严格遵循COUNTER规范。

国外对图书馆电子资源使用和服务评价以及分析方法有很多种,如可获取性(Accessibility)、平衡记分卡(Balanced scorecard)、成本评价(Cost assessment)、电子资源和服务评估指标(E-metrics)、日志分析(Log analysis)、效用分析(Outcomes)、优劣势及机遇与挑战分析(SWOT analysis)等。电子资源和服务评估指标方法已被很多研究者和图书馆界认可和接受。数字馆藏绩效评估指标体系如表10-3所列。

表 10-3 数字馆藏绩效评估指标体系

项目\指标	EQUINOX 绩效评价指标	发展网络环境国家图书馆绩效评价指标	ARL E-Metrics 评价指标	ISO 2789 评价指标	COUNTER(第2版)评价指标
PI1	使用图书馆电子服务的人数占全部用户数的百分比	每1000个目标用户可提供使用Internet服务的工作站数	电子全文期刊的数量	任务数	每月每数据库存的检索和任务总数
PI2	目标人群中平均每人使用图书馆电子服务的任务数	人均电子参考服务的数量	电子参考资源的数量	下载文献的数量	每月每数据库被拒绝的任务数
PI3	服务人群中平均每人使用远程电子服务的任务数	每月网站的虚拟访问数量	电子书的数量	下载文献的数量	每月每种服务的检索和任务总数
PI4	每种图书馆电子服务平均每次任务浏览文献及记录的数量	虚拟访问占图书馆总访问量的百分比	电子参考咨询的数量	虚拟访问次数	每月每期刊成功提供全文请求的数量
PI5	每种图书馆电子服务中每次任务的成本	电子资源成本占年度资源总预算的百分比	登录电子数据库的任务数	一次任务的检索时间	每月每种期刊被拒绝的任务数
PI6	每种图书馆电子服务中浏览每篇电子文献或记录的成本	每月访问数据库的任务数	电子数据库的检索次数	拒绝访问的任务数	每月每种期刊成功的款目请求和每种页面类型的被拒任务数
PI7	用电子方式提交的信息请求占全部信息请求的百分比	每月对公众开展技术培训的人次	电子数据库的检索条目数	检索次数	每月每种服务的检索执行总量
PI8	图书馆内计算机工作站的使用率	每月对馆员开展技术培训的人次	访问图书馆网站及目录的虚拟访问数	通过因特网访问的任务数	
PI9	服务人群中人均使用图书馆工作站的小时数		电子全文期刊的成本		
PI10	被拒绝的任务数占全部任务数的百分比		参考资源的成本		
PI11	图书馆电子书获取的成本占图书馆总获取成本的百分比		电子书成本		
PI12	服务人群中平均每人参加正式图书馆电子服务培训课程的次数		书目、网络及集团的图书馆费用		

续表

项目指标	EQUINOX绩效评价指标	发展网络环境国家图书馆绩效评价指标	ARL E-Metrics评价指标	ISO 2789评价指标	COUNTER(第2版)评价指标
PI13	从事发展、管理、提供图书馆电子服务及用户培训的图书馆工作人员总数的百分比		书目、网络及集团的外部费用		
PI14	图书馆电子服务的用户满意度		图书馆数字馆藏的容量		
PI15			图书馆数字馆藏的使用		
PI16			数字馆藏结构及管理成本		
PI17			参考咨询中电子参考咨询的百分比		
PI18			所有图书馆访问中虚拟访问的百分比		
PI19			电子书占全部图书馆的百分比		
PI20			电子期刊占全部期刊的百分比		

近年来,国内图书馆数字资源在馆藏中所占的比例越来越高,数字资源的使用及评估工作逐渐引起我国图书馆界的高度重视,一部分图书馆数字资源年度经费预算比例已经占到全馆文献经费的一半以上,这使得图书馆管理者和馆员不得不思考数字馆藏的使用统计和服务绩效的评估问题。中国高等教育文献保障中心(CALIS)在数字馆藏的引进及评估方面做了大量的工作,2004年出台了《高等学校图书馆数字资源计量指南》,旨在对数字资源的计量和统计进行规范,并将其纳入整个高校图书馆文献资源建设的统计中。2013年6月1日实施的中华人民共和国国家标准《信息与文献 图书馆绩效指标》(GB/T 29182—2012/ISO 11620:2008)从资源获取和基础设施、利用、效率及潜力与发展四个方面对数字资源绩效指标进行了描述。目前,国内还没有数字馆藏使用统计与服务绩效评估指标体系。

10.4.1 数字馆藏绩效评估指标选取原则

数字馆藏绩效评估指标的选取原则,主要参考《GB/T 29182—2012/ISO 11620:2008 信息与文献 图书馆绩效指标》中图书馆绩效指标的原则确定。

1. 科学性原则

科学性原则主要体现在理论与实际相结合及采取科学的方法方面。理论上要站得住,同时要经得起实践的检验,客观反映评价对象的实际情况。作为评估数字馆藏服务活动,需了解服务效果和服务效率,发现数字馆藏服务和绩效中存在的问题,为馆藏发展决策提供信息,因此,指标必须具有科学性。

指标体系必须是对客观实际的抽象描述,描述得越清楚,越符合实际情况,其科学性越强。

评价的内容要有科学的规定性,各个指标的概念要科学,要有精确的内涵与外延,不能含糊其辞。

科学性原则还要求评价指标体系要能比较准确地反映所评价领域及对象的特点。数字馆藏绩效评估指标,要能准确反映数字馆藏使用活动的特点。

2. 系统性原则

图书馆数字资源的集合越来越大,小到几十人,大到几百个,种类涉及全文数字库、参考数据库、电子期刊、电子图书、电子论文、电子专利、电子标准等,因此系统性原则要求评估指标体系要统筹兼顾各类数据库,统筹整体和个体、定性与定量的关系,最终达到追求数字馆藏集合服务的最优化。

系统化原则还体现在评估指标数量的多少及指标体系的结构方面,以较少的统计数据和指标,准确、全面、系统地反映数字馆藏的综合绩效。

3. 可比性原则

评估指标体系必须具备纵向和横向比较功能,即评估指标要有两个方面的通用性和可比性。可以对一个电子资源不同时期的使用情况进行比较,又可以对同类不同资源进行比较,更重要的是可以提供对不同图书馆数字馆藏服务绩效进行比较。

评估指标体系还应尽可能与国内、国际的有关评估指标相一致,指标定义尽可能采用国内、国际标准或者说公认的概念,尽量将不可比因素转化为可比因素。

4. 可行性原则

评估指标体系是为了实际应用而设计的,不仅设计者会用,有关使用部门也要会用,这就要求指标体系的设计在能保证评估结果客观全面的情况下,指标体系尽可能简化,计算方法和表述方法要简便,易于操作,实施评估过程的操作应该与图书馆的工作程序和工作安排相一致。

评估指标所需数据要易于采集,各项指标要有明确的释义,评估过程能进行有效的质量控制,保证评估数据的准确性、可靠性。

5. 导向性原则

每一项评估都具有一定的导向性,数字馆藏绩效评估的目的不仅仅是评出某一种或一类数字资源的好坏、优劣,更重要的是通过评估支持馆藏发展和图书馆的管理决策。绩效评估有多种目的和用途:通过绩效评估,帮助图书馆清楚地认识到自身资源、使用、服务、人力和馆藏分布状况;为图书馆管理者提供一个决策框架、资源分配策略,安排图书馆服务、决定图书馆资金分配,开展用户培训等。图书馆绩效评估指标的设计,必须对图书馆管理和决策具有目标导向作用。

6. 可获取性原则

馆藏绩效指标体系确立后,评估成功与否的关键是评估指标获取的质量。也就是说,能否及时准确地得到评估所需的各项指标值是关键。目前大部份数据库商都能向用户提供数据库的检索次数、检索任务数、下载或浏览全文的数量等,这样与这些统计数据相关的评估指标的获取性就会较强,评估分析的结果也更客观。

10.4.2 数字馆藏绩效评估指标体系的构建

表 10-4 所列的指标体系,参照 ISO 11620:1998"图书馆绩效指标"、ISO/TR 20983"信息与文献 电子图书馆服务绩效指标"、GB/T 29182—2012/ISO 11620:2008"信息与文献 图书馆绩效指标"等国内外图书馆绩效评估标准及国内有关行业图书馆评估规范,共分信息基础设施、内容、成本、服务 4 个 1 级指标,19 个 2 级指标。

表 10-4 数字馆藏绩效评估指标体系

一级指标	二级指标	描述/任务	方法
信息基础设施	千人人均公用工作站数	评估所提供的每 1000 个成员中可使用的工作站的数量	公用工作站数/服务人群数量×1000
	人均可使用工作站数	通过计算一个工作站一年中可以给一定数量的人群提供服务的平均小时数来评估工作站的利用率	[(工作站总数－不能服务的工作站数量)×一年中工作站可为用户提供服务的小时数]/成员用户的数量
	检索系统性能	在规定时间内,检索系统正常运行的小时数来评估检索系统的有效性	在规定时间内,检索系统正常运行的小时数/规定时间内的总小时数
内容	目标人群覆盖率	在规定时间内,服务人群利用过图书馆提供的任一电子服务的人群比率	样本中在规定时间内利用过数字图书馆服务的用户数量/样本的总用户数
	人均拥有数字资源数量	规定时间内,用人均拥有各类数字资源数来评估数字馆藏的保障情况	馆藏数字资源总量/用户总人数
	更新频率	合同约定的数字资源更新时间(次数)的及时性	合同时间内,全部或某一数字资源延迟更新的小时数/合同总小时数
	数字资源描述、组织规范	用样本中数字资源描述标准规范程度来评估数字资源的检索效果	样本中,按标准规范描述的数字资源的条目数/样本总条目数
利用	每次登录平均下载文献数	规定时间内,在每一种电子资源的部分或整体数据库中下载的文献和条目数量,除以每种服务的登录次数	规定时间内从某一规定的电子资源下载的文献和条目数量/同一时间内登录同一电子资源的次数
	人均文献下载数	规定时间内,人均在同一电子资源的部分或整体数据库中下载的文献或条目的数量来评估数字资源的利用情况	同期内从每一电子资源下载的文献或条目数量/用户总人数
	登录被拒率	规定时间段内,对某种授权使用的数据库被拒登录的次数,相对于试图登录的总次数的比率	某一规定时间内对授权使用的某一数据库的被拒登录的次数/同期内对该电子服务的成功登录和被拒登录的总次数
	远程 OPAC 登录比率	统计在某一规定时间段内,远程登录 OPAC 的比率	远程登录 OPAC 的次数/登录 OPAC 的总次数
	虚拟访问的比率	在规定时间内,从图书馆围墙之外虚拟访问图书馆网站的次数/同期内图书馆网站虚拟访问和物理到馆访问的总次数	虚拟访问总次数/(虚拟访问次数＋在图书馆馆舍内访问图书馆网站的次数)

续表

一级指标	二级指标	描述/任务	方法
成本	用户人均成本	根据用户数量评估数字馆藏的服务成本	(一个完整的财政年度内图书馆的经常性支出总额/成员用户的人数)/(样本里的人数/样本里回答"访问过数字馆藏"的人数)
	数据库访问平均成本	根据数据库访问的数量评估一个数据库的访问成本	特定时间段内每个数据库的成本/同一时期内每个数据库的访问次数
	内容单元下载平均成本	根据内容单元的下载数量评估电子资源的合同成本	特定时间段内每个电子资源的成本/相同时间段内每个电子资源下载的内容单元的数量
服务	每名员工参加正式的IT和相关培训课程的平均时数	员工参加正式的IT和相关的培训,包括图书馆相关软硬件及其电子服务的管理、利用和开发	规定时间内参加正式IT和相关培训课程的小时数/图书馆员工总数
	提供和开展电子服务的员工比率	图书馆用于计划、维护、提供和开展IT服务并在技术上开发和提升图书馆基于网页服务的等同全职的人员数/图书馆等同全职的人员总数	图书馆用于计划、维护、提供和开展IT服务并在技术上开发和提升图书馆基于网页服务的等同全职的人员数/图书馆等同全职的人员总数
	人均用户参加电子服务培训课程的次数	在规定时间内,参加用户电子服务培训的人次/服务人群数	(参加图书馆电子服务利用的人次＋登录图书馆电子服务利用在线培训课程的次数)/服务人群数
	用户使用数字馆藏的满意度	用户对图书馆数字资源的整体服务或各项服务通常用5分制来评定等级,1分为最低等级	用户对某项服务的评分总和/回答问卷调查的用户总数

第十一章 其他类型的图书馆绩效评估

图书馆绩效评估,除了对图书馆服务质量、资源利用效率及图书馆总体(读者满意度)评价外,近年来,对于图书馆合作体(联盟)的绩效评估越来越受到业界的重视。随着馆藏资源载体形态的多元化、服务方式的多样性,图书馆绩效评估逐步由宏观绩效评估深入到对某种(类)服务或资源的微观绩效评估,通过绩效评估指导图书馆工作实践,提升图书馆的办馆水平。本章简要论述图书馆联盟、人力资源、馆际互借与文献传递及数字参考咨询四种类型的绩效评估。

11.1 图书馆联盟绩效评估

"图书馆联盟"是对国外图书馆在合作理论和实践中使用的"Library Consortium"一词的翻译。所谓图书馆联盟,是指为实现资源共享、利益互惠的目的而组织起来的、受共同认可的协议和合同制约的图书馆联合体。在称谓上,图书馆联盟不一定用"联盟"来命名,它常以各种形式出现,如图书馆合作体、图书馆合作组织、图书馆同盟、图书馆理事会、图书馆网以及图书馆联合等。近几年来,数字图书馆的出现,图书馆联盟也叫虚拟图书馆、数字图书馆等。

合作是图书馆联盟的手段,资源共享是图书馆联盟的目的,而图书馆联盟本身则是一种组织形式。目前,已经出现了许多新型的图书馆联盟组织模式,有扁平化组织模式、动态学习型组织模式、虚拟组织模式、网络组织模式、动态联盟组织模式等多种形式。

图书馆联盟的类型或形式可以按以下几种方式划分:

(1) 按联盟所涉及的地域范围可分为国际性、全国性、地区性、地方性、行业性等。

(2) 从联盟所包含的图书馆类型可分为大学图书馆联盟、公共图书馆联盟、专业图书馆联盟、综合性图书馆联盟等。

(3) 从联盟成立的原因和开展的项目可分为单一目标为主的联盟及综合开展各项合作的联盟。

(4) 按联盟合作紧密程度可分为松散型、简单型、紧密型图书馆联盟。

图书馆联盟的绩效,简言之就是图书馆联盟所取得的成绩和效果。对图书馆联盟的绩效进行评估,对于联盟及其成员馆来说,有助于其全面理解联盟的性质、任务、目标,并在认清现状的基础上加强优势,改进不足,挖掘潜力,促进联盟的可持续发展;对于国家有关决策部门而言,则有助于其对图书馆联盟活动进行科学的规划和组织。图书馆联盟的绩效评估狭义地讲,是对联盟内信息资源建设与共享能力的评价,反映的是图书馆为用户服务的效能;广义地讲,图书馆联盟的绩效评估是以资源的有效保障为基础,以满足用户对文献需求最大化为目的,以节约文献采购与获取成本为宗旨,对联盟内文献资源共享收益、用户服务共享收益、管理资源共享收益、设备资源共享收益、人力资源共享收益等作出的评价。

国外图书馆联盟的起步较早,在绩效评估方面也积累了较多的实践经验。许多国外图书馆联盟都建立了自己的绩效评估机制,,设立了绩效评估工作组和委员会,定期对联盟开展的各种项目和活动进行监测与评价;启动专门的评估项目,通过网上用户调查、联盟成员馆调查、面谈或电子邮件等方式收集用户及成员馆对联盟及联盟所开展的项目活动的反馈;有的还应用专门的绩效评估工具对联盟某一特定功能进行评估。如美国研究图书馆协会(Association of ResearchLibraries,ARL)开发了 ARL 统计和测度计划(ARL Statistic and Measurement Program);1998 年国际图书馆联盟协会(International Coalitionof Library Consortia,ICOLC)制定了《网上索引、文摘和全文资源使用统计测度指南》;2000—2002 年,由英国联合信息系统委员会投资的 JUBILEE 项目(JISC User Behavior in Information Seeking)等。近些年来,我国图书馆联盟的建设正如火如荼地开展;与此同时,对绩效评估问题也开展了一定程度的研究与实践,如文化部组织的五次公共图书馆绩效评估,中国高等教育文献保障系统(CALIS)在"十五"建设期间启动了"资源与服务"评估子项目等。

评估图书馆联盟的绩效与成效的因素很多,目前从评估的主体来看主要有两个方面:一是联盟本身;二是组成联盟的成员馆。联盟本身的评估,就是把联盟看作独立的实体,对其运行成本、服务收益、用户满意度等进行考量;成员馆的评估,考量的是成员馆利用联盟来实现各自的战略目标和收效等。从评估的客体来看,主要是对联盟开展的服务项目、服务内容进行的测评。从评估的对象来看,有宏观方面的测评,如联盟目标任务、管理模式、组织结构、资源和资金配置、投资收益、协调和控制能力等;也有微观上的测评,如藏书和资源发展、电子资源配置、虚拟参考咨询、人员培训、最终用户信息素质、用户满意度等。从评估方法来看,可以用专家咨询和用户调查的方法进行定性评估,也可使用层次分析法、模糊评估法等数学方法进行定量评估。

针对联盟组织运行绩效评估,主要有用户满意度、管理能力、组织协调能力、集成服务能力、经费保障能力、运行成本 6 个方面共 15 项指标。图书馆联盟组织运行绩效评估指标体系如表 11-1 所列。

表 11-1 图书馆联盟组织运行绩效评估指标体系

一级指标	二级指标	指标描述
用户满意度	成员馆满意度	主要测评联盟信息资源满意度;联盟运行的效率(采购成本、财务成本、运营成本等);联盟服务满意度
	用户满意度	文献检索满意度;文献获取时间、成本、服务质量及服务方式等方面的满意度
管理能力	目标任务	主要测评联盟的定位、目标、发展规划及管理措施等
	制度建设	主要测评联盟资源共建共享制度化建设、信息设施共享及人力资源共享制度化建设情况
	组织领导	主要测评联盟的地位及组织管理能力、联盟在成员馆中的作用等

续表

一级指标	二级指标	指标描述
组织协调能力	组织机构	主要测评联盟组织结构的完备程度
	协调能力	主要测评联盟内各成员馆的合作程度、联盟对成员馆的协调与控制、成员馆参与联盟的积极性、联盟成员间的信任度等
集成服务能力	信息集成能力	主要测评联盟服务平台集成能力、信息资源共享度、资源整合的深度与广度等
	信息服务能力	主要测评联盟信息资源的保障率、服务人群的总数、信息获取的及时性和准确性等
经费保障能力	政府投入情况	主要测评政府对联盟的经费投入情况
	社会资助情况	主要测评社会机构对联盟的经费投入情况
	成员馆经费投入情况	主要测评各成员馆在联盟运行中的各项经费投入情况
运行成本	资源运行成本	主要测评资源人均利用成本
	管理成本	主要测评联盟运行的管理成本
	设备成本	主要测评联盟运行设备的成本

针对成员馆绩效评估,主要有资源扩张能力、业务工作能力、运行成本、人力资源四个方面,共11项指标。成员馆绩效评估指标体系如表11-2所列。

表11-2 成员馆绩效评估指标体系

一级指标	二级指标	指标描述
资源扩张能力	印本资源	主要测评一馆可共享其他成员馆印本资源数量
	数字资源	主要测评一馆可共享其他成员馆数字资源数量
	特色资源	主要测评一馆可共享其他成员馆特色资源数量
业务工作能力	管理工作	主要测评成员馆管理理念、模式、方式等
	采编工作	主要测评成员馆资源采购的数量与质量、联合编目情况及文献标引的质量与规范化
	服务工作	主要测评成员馆在馆际互借、文献传递、合作咨询等方面的质量与数量
	技术服务	主要测评成员馆设施的先进性与共享程度
运行成本	联盟投入成本	主要测评联盟的经费投入与成员馆用户的使用成本
	成员馆投入成本	主要测评成员馆的馆费投入与用户使用成本
人力资源	参与联盟运行的工作人员数	主要测评成员馆投入到联盟运行的人力资源情况
	员工教育培训	主要测评成员馆工作人员中参与联盟教育培训的人次

11.2 图书馆人力资源绩效评估

人力资源是社会生活中最活跃、最具潜能、最具有开发性的资源体。在图书馆的各类资源构成中,人力资源是承载图书馆服务宗旨,推进图书馆现代化建设,使其立足于时代,以知识、信息的传播促进时代发展的根本所在。图书馆人力资源是指所有从事图书馆工作的在职人员的总和,或者说是指为图书馆创造物质财富和精神财富,所具有从事智力劳动和体力劳动能力的总称。图书馆的人力资源除体力和智力因素外,对不同工作岗位有不同的知识和技能要求。目前图书馆的人员管理,由过去的人事管理正在向人力资源开发和管理转变。

图书馆人力资源绩效评估是图书馆实施激励管理的重要依据,也是图书馆人员职务、职称晋升和工资增减的必要条件。图书馆的工作繁杂多样,工作结果往往又受很多不确定因素制约,很多岗位之间存在较大的差异,要精确、直观、公正地评价一个员工的工作绩效好坏往往很难,图书馆人力资源绩效的评估方法多采用定性、带有主观成份的评价方法,评估结果通常采用"优秀""称职""不称职"等模糊概念,这样的评价结果不能真正起到提升图书馆管理水平,也不能加强馆员与读者之间、部门内与部门间,以及上司与下属间的沟通与协调。

图书馆人力资源绩效评估,通常从德、能、勤、绩四个方面来测评员工的思想素质、工作能力、工作行为和工作业绩。图书馆人力资源绩效评估指标如表11-3所列。

表 11-3　图书馆人力资源绩效评估指标

一级指标	二级指标
思想素质(德)	政治思想表现
	公共道德
	职业道德
工作能力(能)	业务能力
	专业技能
	学术能力
	沟通协调能力
	服务意识
工作行为(勤)	工作执行力
	组织纪律
	责任心
	积极性
工作业绩(绩)	工作质量
	工作数量
	工作效率

(1) 思想素质指标建立的目的是评价图书馆工作人员是否具备完成相应工作的基本素质,主要选定了思想品德素质、公共道德、职业道德这3个子因素指标来考核,其具体考评了工作人员的思想修养、意志品格、政治思想和政治态度、道德操守等方面。

(2) 工作能力指标主要评价的是每个员工完成工作所具备的基本能力、专业技能、思考能力、学习能力、管理能力、交际能力和创新能力。其考评的是每个员工的个人基本学历、外语、计算机和个人语言表达的能力;专业熟练程度、业务技巧和深化服务的能力;分析问题、理解问题和提出解决方案的能力;业务知识水平、接受业务培训的意识和能力,以及接受新知识的能力;对人员和设备的管理能力;与读者、同事的纵横向沟通能力,以及与外界结盟协同的能力;提出创新性建议及实施创新方案的能力。

(3) 工作行为指标考核的是员工对工作的态度、积极性和日常的工作行为。选取了工作责任感、工作责任心、工作执行力和工作积极性这 4 个子因素指标。主要评价员工遵守各项制度,对工作的使命感、事业心和责任心,以及对工作的主动性、进取性、勤勉度和执行力度的情况。

(4) 工作业绩指标的建立是对工作人员的工作业绩或工作结果,即员工在组织中的相对价值或贡献程度进行评价。子因素指标选择为工作数量、工作质量、工作效率,依据各工作岗位的具体职责对员工完成工作任务的情况、读者的投诉情况、完成工作的及时性和工作的效率等进行评价。

图书馆人力资源绩效评估指标具有较强的主观性,对于各项指标的量化存在很大的难度。一般情况下,采取模糊评价法、层次分析法、德尔菲法等不同的方法来测定各项指标的权重系数。

11.3 馆际互借与文献传递服务绩效评估

文献传递服务是近几年来随着互联网的普及,电子文献、网络文献的迅速增长而流行起来的文献服务术语,是网络环境下图书情报及相关机构为满足用户的实时需求,提高服务效率而采取的服务手段。文献传递服务是传统馆际互借服务在网络环境下的延伸和拓展。所谓文献传递服务是图书馆为了满足用户对本馆以外文献资源的需求,从一切可能存在的信息源中查找用户所需的文献资源,选择最为有效并且可以实现的传递手段,将这些文献资源的复制件或替代品在最短的时间内传递到用户手中的一种信息服务方式。

图书馆文献传递形式主要是图书馆之间的资料互借,这种复兴式的理论根源是 19 世纪中期,由德国学者默尔提出的图书馆之间藏书建设分工协调的思想。德国在 19 世纪末制定了馆际互借条例,按照条例要求,德国普鲁士的 10 所大学图书馆制定了各自的馆藏书籍的采购范围,并通过馆际互借实现了文献共享。近几年来,随着信息化、数字化技术的发展,图书馆间共建共享范围的不断扩大,国内图书馆行业逐渐形成中国国家图书馆文献提供中心、中国高等教育文献保障中心(CALIS)、中国高校人文社会科学文献中心(CASHL)、国家科技图书文献中心(NSTL)及中国科学院国家科学图书馆(CSDL)五大文献传递中心。

尽管已有学者对图书馆文献传递和馆际互借进行了很多研究,但文献传递和馆际互借绩效仍然是图书馆绩效评估理论中最薄弱的方面之一,目前还没有得到一致认可的图书馆馆际互借和文献传递绩效定义以及相关评估指标。

图书馆馆际互借和文献传递绩效是指图书馆文献传递和馆际互借所取得的效率与效益。从馆际互借和文献传递的定义来推断,图书馆间开展的馆际互借与文献传递服务涉及图书馆的基础设施、信息资源,从馆际互借和文献传递本身来看,最为重要的是其服务的内容与方式,从服务产生的结果来看,又表现为成本与效益及其用户的满意程度。因此,对于图书馆馆际互借与文献传递服务绩效的评估,可以围绕着服务设施、文献资源保障情况、服务内容、服务效果等几个方面进行。图书馆馆际互借与文献传递服务绩效评估指标如表 11-4 所列。

表 11-4　图书馆馆际互借与文献传递服务绩效评估指标

一级指标	二级指标	指标定义
服务设施	信息基础设施	服务所需的网络、计算机、扫描仪、打印机、传真机等
	经费	图书馆是否为文献传递服务拨留专款,为保障文献传递服务顺利开展提供经费保障
	人员	是否有专人负责此项服务,文献传递服务工作人员的知识水平、业务能力和服务态度等
资源保障	资源数量	图书馆可供馆际互借与文献传递的纸本资源、电子资源、特色资源等的资源数量
	书目系统的完备性	是否提供功能齐全的 OPAC 书目检索系统
	相关书目检索系统的完备性	是否提供服务合作单位的馆藏检索系统及其完备情况
服务内容	提交请求数量	用户提交请求的数量
	完成请求数量	成功完成的用户请求数量
	满足率	成功完成的数量占总请求数量的百分比
	请求完成时间	请求完成时间和请求收到时间之差的平均数
	教育培训	开展馆际互借与文献传递服务培训次数与参与教育培训的人数
	特色服务	
服务效果	目标人群覆盖率	在系统中注册的用户人数占总用户人数的比率
	服务成本	人均用户的经费成本
	服务收益	服务收益指在多大程度上满足用户的文献需求以及服务产生的隐性收入
总体评价	用户满意度	

11.3.1　服务设施

服务设施主要指图书馆馆际互借与文献传递服务的软硬件基础设施、经费投入及人员情况。软硬件基础设施主要指网络、计算机、扫描仪、打印机等;经费投入主要指图书馆是否为文献传递服务拨留专款,为保障文献传递服务顺利开展提供经费保障;人员配备情况主要指是否有专人负责此项服务,文献传递服务工作人员的知识水平、业务能力和服务态度等。

11.3.2　资源保障

资源保障主要指图书馆可供馆际互借与文献传递的纸本资源、电子资源、特色资源等的资源数量;检索系统的完备性指是否提供功能齐全的 OPAC 书目检索系统;相关书目检索系统指是否提供服务合作单位的馆藏检索系统及其完备情况。

11.3.3　服务内容

服务内容主要指用户提交馆际互借与文献传递的请求数量;成功完成的请求数量;

馆际互借与文献传递请求的满足率；请求完成时间；用户教育与培训情况以及特色服务等。馆际互借与文献传递请求的满足率主要指满足数量占请求数量的百分比。完成时间主要指请求完成时间和请求收到时间之差的平均数。

11.3.4 服务效果

服务效果主要指图书馆馆际互借与文献传递服务的目标人群覆盖率、服务的成本、服务收益以及用户满意程度。目标人群覆盖率指在系统中注册的用户人数占总用户人数的比率。服务成本指人均用户的经费成本。服务收益指在多大程度上满足用户的文献需求以及服务产生的隐性收入。

11.4 数字参考咨询服务绩效评估

传统参考咨询服务是图书馆员对读者在利用文献和寻求知识、情报方面提供帮助的活动。它以协助检索、解答咨询和专题文献报道等方式向读者提供事实、数据和文献线索，其实质是以文献为根据，通过个别解答的方式，有针对性地向读者提供具体的文献、文献知识和文献途径的一项服务工作，具有服务性、针对性、多样性、实用性、智力性、社会性的特点。随着网络技术和信息科学的飞速发展，参考咨询的形式和内容都发生了根本性的改变，在线咨询、实时咨询、互动咨询、可视咨询等各种方式纷纷涌现，为读者提供网络时代实时、动态、便捷、高效的信息服务。参考咨询服务正由传统参考咨询向数字参考咨询转变。

数字参考咨询服务（Digital Reference Services，DRS），又称虚拟参考服务（Virtual Reference Services）、电子参考咨询（Electronic Reference Services）、远程参考咨询（Remote Reference Services）、网上参考咨询（Network－based Reference Services），是数字图书馆为用户提供的数字化服务的重要组成部分。它以网络为传输手段，以数字信息资源为基础，以电子邮件、实时问答、网上参考工具为形式，向用户提供不受时间、空间限制的参考咨询服务，是图书馆传统参考咨询服务在网络上的延伸和新的表现形式。

国外的数字参考咨询服务开始得较早，1984年美国华盛顿大学健康科学图书馆在世界上首次推出了基于电子邮件方式的"电子化参考服务"（The Electronic Access to Reference Service，EARS）系统，数字参考咨询服务开始在世界各国图书馆普遍开展起来。我国的数字参考咨询服务起步较晚，21世纪初，由国家图书馆信息咨询中心牵头创办了"全国图书馆信息咨询协作网"，在全国较早地开展了数字参考咨询服务，近10年来，我国数字参考咨询服务从内容到方式都得到了长足的发展，目前已成为许多图书馆的核心服务之一。但总体来看，国内开展参考咨询服务的图书馆所提供服务的情况较为复杂。首先，服务主体包括公共图书馆、学校图书馆、研究型图书馆等几大类型系统。其次，不同系统图书馆在服务对象、服务内容与深度及侧重点等方面存在很大差别，除常规性咨询服务，如查找数据、人物、图片以及用户培训、查证查引、科技查新外，高校图书馆参考咨询馆员还肩负学科联络员及师生信息素质教育的任务。而研究型图书馆则更侧重于战略情报研究、项目嵌入式咨询等。此外，同一系统不同级别图书馆参考咨询服务的内容与深度也存在很大差别。

与虚拟参考咨询服务的实践相对应,国际上先后出台了一些通用的或在一定范围内适用的与虚拟参考咨询服务相关的业务规范,分别在人员、管理、行为和技术等方面对虚拟参考咨询服务作出了规定。

目前国际上现行的虚拟参考咨询标准规范主要有:

(1)《IFLA 数字参考咨询指南》(IFLA Digital Reference Guidelines)。它是由 IFLA 参考咨询委员会于 2003 年 11 月发布的。指南分为数字参考咨询服务管理和数字参考咨询服务工作两个部分。

(2)《虚拟参考服务实施与维护指南》(Guidelines for Implementing and Maintaining Virtual Reference Services)。它是由美国参考咨询与用户服务协会(RUSA)于 2004 年 6 月正式核准发布。指南包括三个部分:虚拟参考咨询准备、服务对象和内容、服务的组织。

(3)《Question Point 成员指南》(Question Point Member Guidelines)。它是于 2002 年 6 月发布。指南包括六个部分:通用指南、质量与准确性、响应时间、得体的回答、有效的监控、期望的行为。

(4)《K-12 数字参考服务信息咨询专家指南》(Guidelines for Information Specialsts of K-12)。它是由美国教育部及其所属的教育资源信息中心(ERIC)合作开发的虚报参考咨询台(Virtual Reference Desk,VRD)。项目组于 1999 年成立,该指南主要提出了解决参考咨询问题的六个步骤:明确任务、制定和修正信息检索策略、查找和获取信息的利用(评价信息并把信息转化为答复)、综合(为用户提供答案和参考信息源,对用户提供指导)、评估(参考咨询的整个过程和结果)。

(5)《问题/答案流程处理协议》、QuIP、KnowledgeBIT 和 AskERIC 网络资源选择标准。《问题/答案流程处理协议》(Question/Answer Transaction Protocol)由美国国家信息标准组织于 2004 年发布。该协议包括数字参考咨询中信息交换的事务处理过程。《问题交换协议》(Question Interchange Profile,QuIP)由 VRD 项目组于 1999 年发布了 1.01 版,是一种线性元数据格式,用于虚拟咨询服务的数据(问题和回答)存储、更新和交换。QuIP 是用于数字参考咨询服务之间数据交换的格式标准,是结构化的元数据格式,它的兼容性强,适用于各种平台和协议之间《参考咨询数据库格式》(KnowledgeBIT,KBIT)是由 AnswerBase 公司设计并在美国国会图书馆的帮助下形成的,是为咨询台支撑和出版系统而设计的一种数据库格式。

从国内情况来看,目前主要的高校图书馆都已经开展或正在开展虚拟参考咨询服务,尤其以上海交通大学、北京大学、清华大学、复旦大学、西安交通大学、中山大学、中国人民大学、北京航空航天大学、厦门大学、山东大学、北京工业大学等为代表,这些单位有些制订了自己的内部工作规范如北京大学;有些借用国际常见的规范如《QP 成员指南》的某些条款;有些则并没有制定明确的规范,只是简单约定了服务政策和响应时间等。而在具体的咨询服务中,由于国内没有统一的业务规范,咨询服务的水平、质量不一,影响了用户群的扩大和咨询工作的进一步发展,因此迫切需要制定一部内容更全面、更系统的虚拟参考咨询服务规范。

2002 年 4 月,在国家科学数字图书馆项目的资助下,中国科学院文献情报中心成立了"分布式参考咨询系统研究"课题组。提出了一套分布式数字参考咨询系统服务评估指标体系,在一级类目下分为 4 个二级指标、8 个三级指标和 30 个四级指标。2005 年 5 月,CA-

LIS分布式联合虚拟参考咨询服务(CVRS)项目推出了《CALIS虚拟参考咨询服务规范》,成为指导中国高校虚拟参考咨询业务的重要规范之一。近年来,为指导对成员馆的服务评估,中国高等教育文献保障中心制定《高等教育数字图书馆参考咨询服务评估规范》(表11-5),共设服务条件、服务政策、服务内容、服务绩效和服务共享体系5个一级指标、17个二级指标。由广东省立中山图书馆牵头制定的《图书馆参考咨询服务规范》于2015年6月审定通过,经文化部批准为推荐性行业标准(文科技发[2015]9号),标准编号为wh/t 71—2015,自2015年8月1日起实施。"规范"还提供了完备的评估指标体系,包括一级指标3项、二级指标17项、三级指标35项。这是国内首个以参考咨询为规范主题的行业标准,该行业标准的推出与实施对推动图书馆参考咨询业的发展具有里程碑式的意义。

表11-5 高等教育数字图书馆参考咨询服务评估规范

一级指标	分值/权重	二级指标	分值/权重	指标定义
服务条件	20	服务基础设施	5	开展图书馆参考咨询服务的各种硬件设施配备情况,物理设施和各类电子设施
		咨询服务系统	5	用于保存、处理、实施具体咨询服务的系统和平台
		信息资源建设(信息源)	5	参考咨询所需信息和资源的建设与保障
		人员配备与设置	5	从事参考咨询服务工作的人员素质、数量配置情况
服务政策	15	公平性	5	服务政策的制定是否兼顾各类合法用户的需求
		科学性	5	服务政策的制定是否科学合理、是否规范开展
		开放性	5	服务政策是否具备一定的服务开放性,如是否向社会开放,是否保护用户隐私、保护知识产权等
服务内容	40	虚拟参考咨询的形式	10	图书馆可以提供的基于电话、网络及其他通信设备的参考咨询服务的方式种类
		虚拟参考咨询的服务时间	10	虚拟参考咨询服务在每天或每周可被获取的时间长度
		虚拟参考咨询量占总咨询量的比例	5	在标准服务时间内提供的虚拟参考咨询服务的数量与总咨询服务数量(传统咨询服务数量与虚拟咨询服务数量的总和)的比值
		咨询问题中学科专业问题的比例	5	指标准服务时间内通过传统咨询方式或电子咨询方式收到的学科类咨询问题数量与总咨询问题数量的比例
		对咨询问题的回答率	5	在规定时间内处理的咨询问题占总接收问题的比率
		数字咨询业务统计与管理	5	数字参考咨询服务在限定的标准服务时间内的工作数量统计,如接收问题数量、处理问题数量及处理率等
服务绩效	15	服务质量	10	数字参考咨询服务的质量和效果可以通过用户满意度和对咨询问题的正确回答率来反映
		服务效益	5	效益评估是指对数字参考咨询服务的投入和产出效益进行评估,核心是数字参考咨询服务的投资效益

续表

一级指标	分值/权重	二级指标	分值/权重	指标定义
服务共享体系	10	服务共建共享	7	作为联合参考咨询服务的重要体现,对参考咨询服务的共建共享进行评估,衡量参考咨询服务的共知共用效益,包括服务体系是否为协同建设并有效共享
		规范共享共用	3	数字参考咨询服务相关规范是否在联合体内共享共用

参 考 文 献

[1] Bacal,R. 绩效评估[M]. 艾茂林译. 北京:机械工业出版社,2005.
[2] 方小苏. 图书馆绩效评估[M]. 杭州:浙江大学出版社,2008.
[3] 《图书情报工作》杂志社. 图书馆服务创新与绩效评估[M]. 北京:海洋出版社,2012.
[4] 郝忠胜,刘海英. 人力资源管理与绩效评估[M]. 北京:中国经济出版社,2005.
[5] 浮肖肖,冯艳艳. 图书馆绩效评估影响因素探析[J]. 科技视界,2014,(33).
[6] 施强. 影响图书馆绩效因素分析[J]. 图书馆学研究,2004,(09).
[7] 李晓鹏,颜端武,李毅博,等. 图书馆绩效评价的影响因素与策略研究[C]. 第三届上海国际图书馆论坛,2006.
[8] 杨丽,唐洁琼. 图书馆:纸本期刊服务的绩效影响因素及改进策略[J]. 教育教学论坛,2011,(23).
[9] 唐东方. 战略绩效管理 步骤·方法·案例[M]. 北京:中国经济出版社,2012.
[10] 董琴娟. 中国图书馆联盟发展研究[M]. 北京:光明日报出版社,2013.
[11] 袁声莉. 人力资源管理[M]. 北京:中国金融出版社,2012.
[12] 余光洲. 数字图书馆信息化建设方向与构建策略及考核评估标准和优秀经营借鉴大全 第3卷[M]. 北京:中国国际广播出版社,2011.
[13] 罗曼. 20世纪图书馆效用评估方法回顾[J]. 大学图书馆学报,2000,(2).
[14] 周庆梅,王克奇. 图书馆数字资源服务绩效模糊神经网络评价研究[J]. 情报科学,2015,(2).
[15] 徐艳芳,张瑜. 基于模糊综合评价的高校图书馆读者满意度研究情报探索[J]. 情报探索,2015,(2).
[16] 潘林武. 层次分析法在图书馆资源整合系统评价体系中的应用研究[J]. 图书馆学研究,2014,(2).
[17] 梁冬莹,周庆梅,王克奇. 基于层次分析法的数字资源服务绩效评价体系构建[J]. 情报科学,2013,(1).
[18] 尹秀波. 层次分析法在图书馆馆藏文献评价中的应用[J]. 图书馆学刊,2013,(3).
[19] 曹尚卿. 基于AHP的高校外文图书馆藏结构分析——以华南理工大学图书馆为例[J]. 图书与情报,2010,(3).
[20] 李志勇. 基于AHP的数字图书馆绩效评价指标体系研究[J]. 图书馆工作与研究,2012,(9).
[21] 赵良英,李沂. 基于多层次模糊综合评价的复合图书馆信息资源评价指标体系研究[J]. 图书馆工作与研究,2011,(3).
[22] 孙清玉,高新陵,吴东敏. 高校图书馆参考咨询人员绩效评价指标体系研究[J]. 情报探索,2011,(2).

[23] 刘晓波. 基于网络层次分析法的图书馆评估模型[J]. 现代情报, 2011, (11).
[24] 王超. 基于层次分析法和模糊评价法的数字图书馆人力资源评价指标体系研究[J]. 情报探索, 2011, (10).
[25] 赵争光, 林晖. 基于模糊评价法的图书馆读者满意度研究——以安徽农业大学为例[J]. 农业图书情报学刊, 2011, (8).
[26] 张红霞. 图书馆质量评估体系与国标标准[M]. 北京: 北京图书馆出版社, 2008.
[27] 刘国俊. 高校图书馆绩效评价模型的构建及应用研究[J]. 价值工程, 2012, (23).
[28] 常红. 图书馆联盟绩效评价体系构建[J]. 图书馆学研究, 2006, (3).
[29] 韩毅, 杨晓琼, 李健. 图书馆服务质量影响因素的权重测定及模糊评价分析[J]. 中国图书馆学报, 2007, (5).
[30] 刘秀荣, 尹洪胜, 齐卫娟. 基于主成分和聚类分析的图书馆服务效率综合评价[J]. 情报杂志, 2009, (S2).
[31] 闫现洋, 余小萍. 基于DEA方法的高校图书馆学科馆员服务绩效评价研究——基于西南大学图书馆学科馆员的实证分析[J]. 情报理论与实践, 2011, (2).
[32] 赵燕芳, 段宇锋. 对数据包络分析方法应用于图书馆效率评价的思考[J]. 情报理论与实践, 2010, (6).
[33] 陆康, 刘慧, 王圣元. 基于DEA的图书馆智力资本评价[J]. 现代情报, 2012, (10).
[34] 陆康, 王圣元. 基于DEA的图书馆评价研究[J]. 高校图书馆工作, 2009, (6).
[35] 冷秋菊, 张叶红. 基于平衡记分卡的图书馆绩效评估指标体系设计[J]. 现代情报, 2009, (10).
[36] 赵治卿. 平衡记分卡理论在图书馆绩效评估中的应用初探[J]. 图书馆工作与研究, 2014, (3).
[37] 潘家武. 基于BSC的高校图书馆绩效评价研究[J]. 福建医科大学学报: 社会科学版, 2010, (4).
[38] 严真. 平衡记分卡理论与图书馆绩效评估的契合及其应用[J]. 图书馆学刊, 2013, (12).
[39] 张红霞. 图书馆质量评估体系与国标标准[M]. 北京: 北京图书馆出版社, 2008.
[40] 鞠建伟, 梁花侠. 高校图书馆服务用户满意度的BP神经网络模型的建立[J]. 情报杂志, 2004, (8).
[41] 贾洁, 彭奇志. 基于BP神经网络的图书馆电子资源质量评价研究[J]. 图书情报工作, 2010, (21).
[42] 张秀华, 辛江美. 基于粗糙集和BP神经网络的复合图书馆馆藏质量评价研究[J]. 情报理论与实践, 2009, (11).
[43] 肖立民. 基于BP神经网络的高校图书馆外部满意度评价模型[J]. 图书与情报, 2008, (5).
[44] 李超, 周瑛. 基于BP神经网络的高校图书馆隐性知识管理绩效评价模型研究[J]. 现代情报, 2012, (5).
[45] 冷秋菊, 张叶红. 基于平衡记分卡的图书馆绩效评估指标体系设计[J]. 现代情报, 2009, (10).

[46] 徐芳,柴雅凌,金小璞. 公共图书馆服务绩效评估指标体系构建研究[J]. 图书与情报,2007,(6).

[47] 齐海华. 高校图书馆绩效评估指标体系的建立和考核管理[J]. 黄冈职业技术学院学报,2010,(3).

[48] 奉永桃,张洪铭. ISO 与 IFLA 图书馆绩效评估指标体系比较研究[J]. 图书馆论坛,2012,(4).

[49] 袁明英. 高校图书馆绩效评估指标体系及方法[J]. 图书馆学刊,2005,(5).

[50] 张红霞. 图书馆统计与绩效评价系列国际标准的形成与衍变[J]. 大学图书馆学报,2010,(5).

[51] 张红霞. 图书馆统计国际标准 ISO 2789:2006 解读[J]. 新世纪图书馆,2010,(1).

[52] 刘雅琼,张松颂. 图书馆联盟的绩效评估指标体系研究[J]. 情报资料工作,2009,(5).

[53] 2006－2007 evaluation activities for the Florida ElectronicLibrary. [2007－05－12]. http://www.ii.fsu.edu/projects/felevaluation12/.

[54] Brophy P,Clarke Z. Equinox: Library performancemeasurement and quality management system performance indicatorsfore lectronic library services. [2007－05－12]. http://equinox.dcu.ie/reports/pilist.html.

[55] 毛近菲. 基于德尔菲法的高校图书馆人力资源绩效评估指标体系的研究[J]. 科教文汇:上旬刊,2012,(3).

[56] 索传军. 数字馆藏服务绩效评估指标体系及其构建原则[J]. 图书情报知识,2006,(5).

[57] 吴锡刚. 高校图书馆信息服务绩效评估指标体系的构建[J]. 学理论,2015,(1).

[58] 余胜. 中外图书馆绩效评估指标体系比较研究[J]. 新世纪图书馆,2013,(6).

[59] 龚娅君,叶伟巍. 基于平衡计分卡的公共图书馆服务绩效评估指标体系构建与实际测度[J]. 图书馆研究,2014,(6).

[60] 郝桂荣. 基于模糊评价判断的高校图书馆人力资源绩效评价体系[J]. 现代情报,2010,(3).

[61] 白清礼. 以用户需求为导向的图书馆绩效评估指标体系构建[J]. 图书馆理论与实践,2011,(4).

[62] 罗芳. 公共图书馆联盟绩效评估指标体系研究[J]. 图书馆研究,2015,(4).

[63] 李保东. 基于平衡记分卡的县级公共图书馆服务绩效评估指标体系构建研究[J]. 新世纪图书馆,2014,(6).

[64] 冯琳,高波. 美国公共图书馆绩效评估理论研究[J]. 图书馆建设,2012,(3).

[65] 高波,孔兰兰. 公共图书馆绩效评估理论与实践[J]. 图书馆论坛,2010,(6).

[66] 徐华洋. 图书馆纸本期刊绩效评估体系的构建[J]. 情报探索,2010,(7).

[67] 李新霞. 中外数字图书馆绩效评估的比较研究[J]. 图书馆学研究,2013,(7).

[68] 张文惠. 基于多目标的公共图书馆绩效评估研究[J]. 广州航海学院学报,2013,(4).

[69] 王茜,严潮斌. BALIS 馆际互借服务绩效评估指标体系研究[J]. 情报理论与实践,2011,(8).

[70] 索传军. 电子资源服务绩效评估的含义及影响因素分析[J]. 图书情报知识,2005,(6).

[71] 索传军,郭艳艳,冯阳飚. 国外数字资源服务绩效评估研究之对比分析[J]. 图书情报工作,2008,(6).

[72] 张宏玲,索传军. 论数字馆藏评价指标的获取方法[J]. 图书情报工作,2005,(4).

[73] 黄红华,韩海涛,李秋实,等. 天津高等教育文献保障中心绩效评估指标体系初探[J]. 新世纪图书馆,2009,(6).

[74] 余胜. ISO 11620:2008绩效评估指标体系及其启示[J]. 山东图书馆学刊,2013,(1).

[75] 李瑛. 高校图书馆员工绩效提升策略研究[J]. 图书馆学研究,2009,(2).

[76] 朱雷,孙振球,王美兰. 基于平衡计分卡的高校信息共享空间绩效评估模型及指标权重分配研究[J]. 现代图书情报技术,2008,(6).

[77] 吕庆元. 澳大利亚公共图书馆绩效评估理论与实践研究[J]. 现代情报,2010,(10).

[78] 索传军. 数字馆藏的质量评价[J]. 中国图书馆学报,2004,(04).

[79] 黄毕惠,杨永清. 图书馆绩效评估反思[J]. 图书馆建设,2010,(2).

[80] 杨海玲. 谈高校图书馆员绩效评估方法[J]. 农业图书情报学刊,2011,(6).

[81] 段惠静. 数字资源使用统计分析——以山西大学图书馆为例[J]. 晋图学刊,2012,(3).

[82] 林毅忠. 馆际互借规范化建设的评估与研究——以华南理工大学图书馆为例[J]. 晋图学刊,2015,(1).

[83] 范亚芳,王传卫. 我国信息资源共享绩效评估要素与体系研究[J]. 情报科学,2012,(4).

[84] 索传军. 论数字馆藏利用绩效分析与评价[J]. 图书馆,2005,(3).

[85] 曾翠. 加拿大公共图书馆绩效评估实践研究[J]. 图书馆,2013,(1).

[86] 袁明英. 我国高校图书馆工作人员绩效评估研究[J]. 图书馆理论与实践,2009,(6).

[87] 王慧芳. 高校图书馆绩效评估体系构建的思考[J]. 河南图书馆学刊,2006,(2).

[88] 盘美英. 模糊聚类分析方法在图书馆绩效评估中的应用[J]. 现代情报,2008,(10).

[89] 刘娟,余红. 加拿大公共图书馆绩效评估体系及启示[J]. 图书馆,2013,(5).

[90] 索传军. 论数字资源评价/评估研究[J]. 图书情报工作,2004,(11).

[91] 都蓝,司莉. 我国高校图书馆重点学科导航库绩效评估研究[J]. 图书馆论坛,2010,(2).

[92] 李艳国. 基于BSC和AHP的高校图书馆电子资源评估模型及指标权重研究[J]. 燕山大学学报:哲学社会科学版,2013,(1).

[93] 周礼智. 图书馆专业人员绩效评估浅探[J]. 图书馆学刊,1999,(1).

[94] 赵新莉. 图书馆人力资源考核的绩效评估[J]. 情报资料工作,2004,(S1).

[95] 苑雅静. 图书馆文献传递服务研究[J]. 内蒙古科技与经济,2013,(12).

[96] 戴艳清. 近20年国外参考咨询服务评价研究综述[J]. 图书馆工作与研究,2011,(3).

[97] 陈益君,谢敏. 图书馆文献传递服务工作的现状、问题与对策[J]. 大学图书馆学报,2002,(6).

[98] 范亚芳,王传卫.我国图书馆联盟绩效评估要素研究[J].图书情报工作,2010,(6).
[99] 羊照生.图书馆文献传递服务评价体系研究[J].图书馆学研究,2011,(1).
[100] 张春红,肖珑,梁南燕.虚拟参考咨询服务规范研究及其应用[J].大学图书馆学报,2006,(2).
[101] 姚晓霞.中国高等教育数字图书馆评估规范汇编[M].北京:国家图书馆出版社,2015.
[102] GB/T 29182—2002/ISO 11620:2003 信息与文献 图书馆绩效指标[S].